산책로에서 만난 철학 —

라인강변에서의 사색

산책로에서 만난 철학 —

라인강변에서의 사색

윤 병 렬 지음

동과서

산책로에서 만난 철학 – 라인강변에서의 사색

찍은날 / 2009년 11월 25일
펴낸날 / 2009년 11월 30일

지은이 / 윤병렬
펴낸이 / 궁리나
편　집 / 황웅 이동연

펴낸곳 / 도서출판 동과서
410-330
경기도 고양시 일산동구 풍동 숲속마을 402-105
등록번호 / 제22-405호

D.K.S. Publishing Co.
402-105 Supsok-Maul, Pung-Dong, Ilsandong-Gu,
Goyang City, Gyunggi-Do, Korea 410-330

전화 / (02)333-7533
팩스 / (02)6280-2353
이메일 / philculture@hanmail.net
홈페이지 / www.book-dks.com

값 12,000원

ISBN 978-89-87304-64-9 (03160)

-차 례-

들어가는 말

철학은 하늘에서 별을 따오는 식으로 할 수도 또 그렇게 할 필요도 없다. 또한 세상과 차단된 연구실이나 도서관에서만 추구되어지는 것도 아니다. 철학의 무대는 우리의 삶의 공간이고, 온 세상이며 인간과 자연 및 코스모스 전체가 철학의 텍스트이다. 우리는 이러한 텍스트에서 경이의 체험과 철학적 신비로움에 얼마든지 사로잡힐 수 있다.

그러나 우리는 평소 일상성에 얽매어 있기 때문에 자연과 세계, 나아가 우리 자신에게서 이와 같은 비-일상적인 것을 목격하기 어렵다. 그래서 우리는 사물을 외양으로만 보고 이 외양의 단계에서 그쳐버리는 경우가 얼마나 많은가.

물론 오늘날 현대인의 삶은 그가 속한 복잡한 메커니즘의 사회, 상업자본주의, 물질만능주의, 저질대중문화 등등으로 인해 자신의 존재의미를 물어보거나 자연이 지닌 초자연적인 세계를 목격할 여유를 갖지 못하고 있다. 그래서 일상성과 고정관념에서 벗어나기란 여간 힘든 일이 아닐 것이다.

『산책로에서 만난 철학』은 목차에서도 목격되듯 밖으로는 철학의 딱딱한 테마들이 노출되어 있지 않고 산문과 기행문, 시(詩)와 신화적 담론으로 엮어져 있다. 그러나 이러한 산문과 기행문을 따라가면 이들이 자연스레 철학적인 얘기와 융합되어 있음을 목격할 것이다. 물론 이러한 산문과 기행문을 억지로 철학에 코팅하듯이 인위적인 방책으로 처리한 것은 아니다.

이를테면 강변의 산책로에서 대지와 강이며 하늘과 별들, 코스모스와 인간 자신에 이르기까지 그 존재의미를 묻고 또 존재와 흐름의 문제를 논의하고 있으며, 북해에로의 여행에서 초자연적인 것의 낌새를, 하이데호프의 초원에서 대지의 의미를, 라인아우에 공원에서 자연의 리듬을, 유별난 망년회에서 고독의 의미를, 광장에서 디오니소스적인 것과 아폴론적인 것을, 우리 악기인 대금연주를 통해 예술의 의미를, 하이델베르크의 칼 하인리히를 통해 인생과 철학에 눈을 떠가는 과정을, 시인 횔더린의 시작(詩作)과 철학자 하이데거의 횔더린 시론(詩論)을 통해 시인의 소명과 철학자의 사명이며 시와 철학의 대화를, '철학의 향연'을 통해 철인황제 아우렐리우스에게서의 인생을 사는 지혜를, 도리스 할머니의 죽음을 통해 죽음에 대한 성찰을 시도한 것이 『산책로에서 만난 철학』이다.

필자는 위와 같이 산문과 기행문, 시(詩)와 그림이며 사진을 철학적인 성찰과 융합시켜보고서 이러한 형태가 어떤 새로운 문학과 철학의 장르로 발전되면 좋겠다는 생각을 해보았다. 철학이 논문과 이론적 주장으로만 전개되어야 하는 절대적인 필연성은 없기 때문이다.

철학이 다른 문학의 분야와 절묘하게 조화되고 융합된 형태는 물론 오랜 옛날부터 있었다. 이른바 소크라테스 이전의 철학자들에 의한 『단편』은 시(詩)이면서 동시에 철학적 잠언인 것이다. 플라톤의 대화록은 철학과 대화문학의 절묘한 융합이라고 할 수 있다. 그의 『파이드로스』나 『향연』을 비롯한 많은 대화록은 플라톤이 과연 문학적 천재와 대 철학자의 재능을 동시에 가진 모습을 한꺼번에 엿볼 수 있게 하는 것이다.

물론 플라톤 외에도 아우구스티누스의 『고백록』과 보에티우스의 『철학의 위안』이 문학적 함의를 많이 갖고 있으며, J.P. 사르트르는 자신의 철학적 사유를 소설과 융합했다. 최근엔 요슈타인 가아더가 『소피의 세계』나 『세실리의 세계』 등을 통해 소설과 철학이 잘 결합된 형태를 보여주고 있다. 앞으로 이러한 융합의 형태들이 많이 나와 독자들이 쉽게 철학에 접근할 수 있는 길을 마련했으면 하는 바람이다.

철학은 결코 상아탑의 전유물이 아니다. 또한 철학은 연구실의 먼지 낀 서적을 뒤척이는 데에서만 추구되어서도 안 된다. 철학은 모든 인간 당사자의 것이고 또 모든 인간의 현실적인 문제다. 물론 철학적 진리와 지혜는 주머니 속의 동전처럼 예사로 굴러들어오지 않는다. 말하자면 우리가 삶 속에서 끊임없이 정신적인 수고와 인내를 감수하면서 철학적인 사색의 길을 갈 때 획득되는 것이다. 그토록 감수하면서 얻어진 철학적 지혜는 그러나 세상의 그 어떤 기쁨이나 아름다움과는 비교가 안 되는 고매하고 승화된 환희일 것이다(『철학의 즐거움』: 윌 듀란트).

철학에 소양이 없는 사람이 어디 있겠는가. 만약 그런 사람이 있다면, 그는 오랫동안 철학과 대면하지 않고 도피했기 때문일 것이다. 우리의 인생과 세계의 존재가 장난도 우연도 아니라면, 우리는 철학적 사색에의 산책로를 걸어갈 필요가 있을 것이다. 그리하여 만약 우리의 영적 시각이 어떤 특별한 계기에 의해 다시 회복되고 살아난다면, 영롱하게 자신과 사물과 세계를 꿰뚫어볼 것이다.

수리산 기슭에서 윤 병 렬

라인강변에 둥지틀기

Ⅰ. 여로 바꾸기

모든 결단에는 신중함과 어려움이 따르겠지만, 어떤 경우엔 심각하게 결단하기 어려운 때도 있다. 인생의 여로를 바꾸는 일은 (!) 바로 이러한 성격을 가지고 있는 것이다. 후회해도 소용없고 되돌릴 수 없는 결단일 때에도 곤혹스럽고 망설여진다. 그러나 이러한 일이 인생살이에는 자주 일어나기도 한다. 인생은 짧지만 수많은 결단을 내려야 하고 또 이 결단으로 말미암아 짧은 인생의 여로가 운명적으로 달라질 수도 있는 것이다. 특히 인생의 중대한 사건이나 많은 세월과 역량이 소요되는 인생사(人生史)의 사건 앞에서 인간은 자신 있게 결단 못할 때가 자주 있다. 거기는 불확실한 결단이나 잘못된 결단도 있어, 그 결과 돌이킬 수 없는 길을 가버린다거나 넘지 않아야 할 다리를 넘는 경우도 있기 때문이다. 그러나 그럼에도 불구하고 '우유부단형'의 대명사로

되어버린 셰익스피어의 햄리트처럼 아무런 결단도 못한 채 사태를 놓쳐버려서는 안될 것이다.

둥지를 옮기고 새롭게 삶을 출발시키는 것도 예사로운 일이 아니다. 이런 둥지를 거점으로 뭔가 새로운 인생의 여로를 시작해야 하고 또 이러한 여행이 인생의 황혼녘이 드리우기 전에 끝나야 하는 것이라면 의미심장한 사건이기도 한 것이다. 그러나 그럼에도 불구하고 호락호락하게 살 수 없는 기질로 말미암아 "이것만은 도전하지 않으면 견딜 수 없다"는 의지를 가진 사람이라면, 그는 망설임의 구름층을 걷어차고 여행의 장도에 오를 것이다. 그것은 그러한 의지와 결단을 세상의 어떤 자장가도 잠재울 수 없기 때문이다.

그러기에 누구나 이런 상황에 놓이게 된다면, 그의 동료들이며 벗들과 작별을 고하고 또 고향이며 부모와 가족의 곁을 떠나 둥지를 옮기는 결단을 하기까지 "이것이냐 저것이냐"라는 키에르케고르식의 불안과 고심으로 끙끙거려야 할 것이다. 끙끙대면서 한편으로 "알을 깨는 아픔"(H. 헤세)이라고 억지 위로를 할 경우도 있을 것이고, 그러면서도 다른 한편으론 "어떤 결과가 닥쳐도 후회하지 않겠다"는 결심을 굳혀 나갈 수도 있을 것이다. 최악의 경우가 몰아닥쳐도, 혹은 저런 결단에 이은 여행이 중단되는 상황으로 치달아도, 더 나아가 상처 입은 영혼으로 "바빌론의 뒷골목을 방황하는"(아우구스티누스) 일이 벌어져도, 그건 그만큼 인생에 절대적인 의미를 내포할 것으로 확신할 수밖에 없을 것이다.

하기야 세상엔 뜻대로 안 되는 일도 많다. 또 좌절과 실패도 흔히 있는 법이다. 이것을 염두에 두지 않으면 돈키호테식의 무모한 시위적 삶을 구가하는 짓이리라. 그럼에도 불구하고 저러한 특이하고 대단한 여행을 시도하는 사람은 이를 위험한 모험으로 생각할 필요는 없다. 그것은 그의 여행이 어떤 외부적 환경에 의해 중단되는 경우에도, 혹은 어떤 또 다른 요인에 의해 감행되어야 할 여행이 절반에도 미치기 전에 포기될 수밖에 없어 옛 둥지로 되돌아와야 하는 상황이 벌어져도, 그것은 어떤 몰락이나 실패와 같은 투기성의 성질이 전혀 아니기 때문이다. 물론 그러한 마음가짐을 가진 사람이라면 성공이니 실패니 하는 카테고리에 아예 의미를 두지 않을 것이다. 아마도 중요한 것은 새로운 세상에서 온갖 낯설음을 대면하고 또 그것을 값진 의미의 세계로 승화시켜 빈곤한 사유세계를 채우면 그만일 것이다.

그러나 저러한 결단은 어쩌면 새로운 터전에서 씨를 뿌리고 또 절대적인 제로상태에서 새로 시작해본다는 설렘을 동반하여 한편으론 힘과 용기를 불러일으키는 소용돌이가 될 것이다. 제로에서 시작하는 나그네길! 이때까지 걸어오던 길을 접고 새로운 여로를 제로에서 시작해야겠다는 절박한 내심의 요구를 가진 사람이라면, 오히려 설렘으로 몸서리칠 것이다. 그런데 제로에서 시작하여 새로운 삶의 여로를 개척한다는 것은 또한 얼마나 멋있는 도전인가. 미미하게, 무의미하게, 어정쩡하게 살아가는 방식으로 삶의 여행을 계속한다는 것은 뭔가 견딜 수 없는 노릇이다.

그저 떠밀려 살다가 생을 마감한다는 것이란 얼마나 끔찍한 비극인가! 그래, 어디 우리가 '우물 안의 개구리'처럼 살면서, 혹은 다람쥐의 쳇바퀴와 같은 공간에 살면서 전적으로 다른 세상을 꿈이라도 꾸는가, 아니면 꿈만 꾸고는 퍼져 살면서 뒤숭숭하게 세월과 기회를 놓쳐버리는 것은 아닌지, 혹은 약골근성으로 말미암아 비상할 용기를 가지지 못하는 건지, 아니면 비상할 힘을 상실하고 난 뒤에야 한탄할 것인가.

무한의 우주와 무한한 시간으로 연결된 영원 가운데에 인간이 차지한 시공이야말로 어디 저런 무한한 시공 가운데에 미미한

점이라도 찍을 수 있는가. 그러나 어찌 인간의 탄생과 삶이 무의미하다고 할 것인가. 인간은 초라한 시공의 점 가운데서 그러나 삶의 의미를 찾고 일구어야 할 것이다. 물론 그가 일구고 찾는 삶의 의미나 그 삶 자체마저도 '뛰어봐야 벼룩'일 따름으로 혹은 '일장춘몽'으로 치부해버리는 제3자의 입장도 있겠으나, 소박한 신념으로 존재에의 용기를 일구는 이에겐 전혀 다를 것이다. 실로 용감하게 삶의 의미를 일군 이들에겐 저 넋두리 같은 제3자의 입장을 넘어 존재의 위대함을 깨닫게 될 것이다.

인간은 자기의 존재를 극대화해서도 안 되겠지만 비하할 필요도 없다. 그러나 무엇보다도 인간은 자신의 존재와 삶을 운명의 여신 클로토에게 맡겨버리고 떠밀려 살아서는 안 된다. 운명의 여신 클로토가 그녀의 베틀에다 어떠한 운명의 실을 짜든 개의치 않는다는 것은 인간됨을 포기하는 것과 다름없는 것이다. 나의 운명에 책임지는 이는 결국 내 자신이므로 나는 내 운명을 짜는 데 참가해야 한다. 그는 맑고 깬 의식으로 자신의 삶을 고찰하며, 또 자신의 삶의 언저리에서 일어나는 모든 소용돌이에 대해 책임을 떠맡고 길을 가야한다. 이 도정에는 온갖 변화와 험상궂은 결과들도 밀어닥칠 것이다. 그러나 그는 그러한 항해를 주저해서는 안 된다.

그런데 옛 둥지와의 결별에 대한 통과의례는 잔잔한 마음의 아픔을 불러일으킬 것이다. 이때까지의 둥지를 '옛 둥지'로 밀어낸다는 것 자체가 파토스적인 행위이기 때문이다. 그러나 이것은 결코 어떤 냉정한 작별일 수는 없다. 횔더린의 '고향'이 그 파토스적인 의미를 잘 부각시켜 준다: "고향은 하나의 힘이며 신비이다. 우리는 간단히 고향으로부터 비틀거리며 뛰어 나오지도 않으며 또 그렇게 고향으로 돌아가지도 않는다. 고향으로부터의 이탈은 한 막의 신화적 고별이다. 귀향은 걷잡을 수 없는 환희를 방랑자에게 퍼붓는 축제이기도 하다."[1]

철학자 하이데거는 횔더린의 시(詩)를 해석하면서 '고향'의 의미를 철학적 '근원'과 '본래성'의 의미로 승화시켰다. 물론 이러한 해석의 가능성은 횔더린의 시작(詩作)의 깊이에 놓여있었던 것이다. 시인과 철학자는 여기서 오묘한 고향의 개념을 사용하고 있다. 사실 철학적 성찰의 노력은 본래성과 근원(그러니까 '고향')을 찾아가는 몸부림인 것이다. 그러기에 시인 노발리스도 "철학은 본질적 의미에서 하나의 향수병이다. 그것은 전적으로 고향에 머물고자 하는 충동이다"고 하여 날카롭게 철학의 본질을 통찰하고 있다. 물론 이러한 고향은 어떤 일정한 장소처럼 고정되어 있지는 않다. 그래서 고향은 '근원'으로 혹은 '본래성'으로 혹은 비밀스런 장소로 불리워진다.

하이데거는 횔더린의 시(詩)를 해명하면서 고향을 '근원에 가까운 곳'이라고 한다.[2] 따라서 '귀향'이라고 하는 것은 하이데거에게서 '근원의 가까이로 돌아감'이다.[3] 하이데거에 의하면 시인은 "근원에로 가까이 옴으로 말미암아 고향에로 다가온다"[4]. 이토록 하이데거가 여러 가지 표현으로 고향과 근원을 연결짓는 것은 고향이 곧 근원과 유사어임을 밝히는 것이다. 그렇다면 하이데거에게서 인간의 '고향상실'(Heimatlosigkeit)이라는 용어는 곧 그가 자주 개탄하는 '존재망각'이며 '본래성 상실'과 유사어이고, 존재를 망각한 시대는 다름 아닌 '신(神)이 떠나 가버린 시대', 즉 신(神)상실의 시대와도 궤를 같이한다.

---

1) 울리히 호이서만 지음(장영태 옮김): 『횔덜린』, 17쪽, 행림출판사 1980.
2) M. Heidegger: *Erlaeuterungen zu Hoelderlins Dichtung*(횔더린의 詩作해석), 21쪽 이하 참조, Klostermann: Frankfurt a.M. 1951.
3) 앞의 책, 23쪽.
4) 앞의 책, 24쪽.

시대의 변화에 따라 고향에 대한 의미도 달라지겠지만 그래도 여전히 "고향은 하나의 마법적 영역이다."[5] 그것은 "어머니 대지'에서 세상 밖으로 나온 곳이기도 하여 뿌리와 본래성에 대한 특별한 의미를 갖고 있기 때문이다. 고향은 결코 퇴색되지 않는다. 고향은 한 인간을 지상으로 보낸 운명적 사건을 일으켰기에, 그 신비적 마력은 변함이 없다. 단지 현대와 같은 산업사회에서 사람들이 그 의미를 잃고 유랑할 따름이다.

한 둥지를 떠나서 또 하나의 새로운 둥지를 틀어야 하는 것은 예사로운 일이 아닐 것이다. 그것은 이 두 번째의 둥지를 제2의 고향으로 만들어야 하는 작업이기 때문이다. 게다가 이쪽 현재의 둥지에서 저쪽 미지의 둥지까지가 철새의 이동거리보다 더 멀다면, 옛 둥지에 대한 그리움이 깊어져 아픔으로 변해버릴 수도 있을 것이다.

그러나 모든 탄생에 모태와의 탯줄을 끊는 아픔이 전제되듯이 넓은 세상과의 대면과 또 다른 탄생을 위해선 고향을 떠나는 아픔을 감수해야 한다. 인생자체가 삶의 여로인데 이를 겁내거나 기피해서는 안 될 것이다. 때론 이런 여로에 잔잔한 봄 바다가 나타날 것이고 때론 폭풍과 산더미 같은 파도가 여행자의 배를 통째로 집어삼키는 위험이 도사릴 수도 있을 것이다. 거기에는 표류나 파선의 아픔도 만날 수 있고 행복한 섬에 도착하는 기회도 주어질 수 있을 것이다. 인간은 어차피 고향과 타향을 오가며 삶을 영위하고, 이곳과 저곳 사이에서 하늘과 땅 사이에서, 이승과 저승 사이에서, 삶과 죽음 사이에서, 천국과 지옥 사이에서, 천사와 악마 사이에서, 축복과 저주 사이에서, 존재와 생성소멸 사이에서, 희망과 절망 사이에서, 환희와 비탄 사이에서, 선과 악 사이에서 이리저리 오가며 한쪽에 가까워지기도 하고 다른 한

5) 위의 책, 18쪽.

쪽에 기울기도 하면서 삶을 펼치는 **'사이-존재'**인 것이다. 사람들은 언젠가 시작해서 언젠가 끝을 맺어야 하는 이 삶의 여로를 깨닫고, 또 삶 자체가 여로에 떠밀려 있다는 것을 심층적으로 깨달을 때는 이미 나이가 지긋하게 들고 피안의 세계 앞에 바짝 다가와 있을 때가 대부분이다.

인생 자체가 항해이다.
그는 어디론가 항해하며
나아가야 한다.

그래서 새로운 여로를 감행하는 사람은 망망대해(茫茫大海)에, 흉흉하고 끔찍하게 펼쳐진 바다에 배를 띄워야 한다. 그는 단단한 그리고 오랜 항해에도 견디어 내는 배를 타고 계속 항해를 해서 어디론가 색다른 세상으로, 그가 찾고 또 가고자 하는 곳으로 나아가야 할 것이다. 그러기에 그는 야무진 항해술을 구비하고 든든한 배를 구축하며 또 이 배와 같이 든든한 마음가짐을 준비해야 한다. 그는 유치한 그리고 곧 물살틈으로 사라져버리는 종이배를 타서도 안 되고 봄 바다와 순풍만을 기다리는 돛단배를 타서도 안 될 것이다. 또한 그의 배는 무모하고 낭만기만 어려 있는 뗏목이나 노만 저어 항해하는 배로도 안 될 것이고 적당한 공간만을 오가는 멍텅구리 배도 안 된다. 또한 산더미 같은 파도에 숨이 끊어지는 통통배도 안 될 것이다. 그의 배는 수십 겹의 돛과 서너 개의 스크루를 겸한 배에다 빙산이나 바위섬을 알아내는 장치도 갖춰야 한다. 그의 여행엔 이 세상과의 싸움은 말할 것도 없고 험난한 바다의 태풍과도 싸움이 예보되어 있겠지만 무엇보다도 그이 자신과의 싸움이 예정되어 있는 것이다. 물론 그가 헤라클레스가 아닌 이상 모든 싸움을 이긴다는 보장은 전혀 없다. 거긴 실패나 좌절도 있을 것이다.

그러나 이 모든 싸움이 무의미하거나 무모한 싸움이 아닌 이상 값지고 보배로운 것이다. 그것은 어쩌면 '성숙을 위한 아픔'이 될 것이고 승화된 삶의 의미를 깨닫게 해주는 담금질이 될 것이다. 어쨌든 이러한 여행은 결코 예사로운 여행이 아니다. 그것은 단순히 눈으로 하는 여행이 아니고 적당한 관찰과 경험을 일삼는 여행도 아니다. 그것은 무엇보다도 우선 여행을 감행하는 사람이 자신을 전적으로 도정(道程)에 투입하는 여행이고 또 인생의 여로가 뒤바뀌거나 달라질 수 있는 여행인 것이다.

Ⅱ. 의미심장한 여행들

보통 일상적인 여행이란 것은 환희에 찬 기대로 여겨지고 또 실제로 사람들은 즐겁게 여행한다. 본래 인간은 호기심이 많은 존재라서 새로운 세상을 접한다는 것이야말로 여간 들뜨게 만드는 것이 아니다. 나그네는 미래의 일어나는 사건들에 열려있기에 신기롭고 굉장한 일들이 전개되리라는 설레임에 가득 찰 것이고 또 그러한 일들이 목격되면 쉽게 찬탄한다. 인간은 본래 앎을 추구하기에[6] 여행 도중에서 어떠한 일이 일어나든, 또 어떤 것과 만나든 그 체험들은 살과 뼈로 바뀌질 것이다. 사람은 본만큼 느끼고 또 느낀 만큼 안다.

이와 같은 형태를 우리는 괴테(J.W. Goethe)의 『이탈리아 기행』에서 잘 볼 수 있다. 그는 그의 여행이 의미심장할 것이라고 기대도 하고 짐작도 했는지 특이한 출발을 감행했다. 그는 아무도 모르게 떠나려고 만물이 잠든 고요한 새벽 3시에(1786년 9월 3일) 길을 나선 것이다.

괴테의 이탈리아 여행

6) 아리스토텔레스의 『형이상학』이 시작되는 첫째 문장 참조.

그는 마차로 이탈리아의 북부 볼짜노에 도착해서는 이 나라 방방곡곡을 샅샅이 뒤지며 예리한 관찰력과 상상력으로 고대 로마의 각종 유적과 예술이며 문화세계를 꿰뚫어 보는 것은 말할 것도 없고, 기후나 암석이며 동식물 등 생태계와 자연까지도 시야에 잡은 것이다. 열린 눈과 마음으로 포착한 이러한 새로운 세상이 하나의 의미의 세계로 각인되어 일생동안 살아 움직여 새로운 의미와 가치를 창조한다면, 이 얼마나 놀라운 것인가. 1786년 12월 3일 로마에서 쓴 기행문의 한 대목을 보면 그가 이 여행을 통해 세상을 바라보는 시각이 달라졌음을 우리는 쉽게 짐작할 수 있다: "원래가 작고 또한 작은 것에 익숙해져 있는 우리가 어떻게 그런 고상한 것, 거대한 것, 완벽한 것들과 비견될 수 있겠는가."(괴테 저, 박영구 옮김 : 『괴테의 이탈리아 기행』, 푸른숲) 아니, 그 체험은 그의 삶에 변화를 가져온 하나의 충격이었다: "내가 로마 땅을 밟게 된 그 날이야 말로 나의 제2의 탄생일이자 나의 진정한 삶이 다시 시작된 날이라고 생각된다."

그래서 어떤 경우 이러한 여행은 특이한 인상과 감명이며, 자극이 되어서 골수 깊이 스며들 것이며, 특히 처음 외국에 나가서 만난 도시는 엘리아데가 밝히듯 하나의 성스러운 공간으로까지 승화될 수 있을 것이다. 엘리아데는 이렇게 말한다: "다른 모든 장소와 질적으로 구별되는 특권적인 장소, 즉 한 인간의 탄생지라든가, 첫사랑의 장소라든가, 젊은 시절에 처음으로 방문한 외국 도시라든가 하는 곳들이 있는 것이다. … 그 곳들은 마치 그가 자신의 일상적인 생활에서 참여하는 현실과는 다른 현실의 계시를 그 곳에서 받은 것처럼, 그의 사적 우주에 있어 '거룩한 장소'가 된다."(M.엘리아데, 이동하역 : 『성과 속』, 22쪽, 학민사 1996)

어쩌면 저러한 끔찍하고 큼직한 여행은 그 무대가 지상에서 천상으로 옮겨진 경우도 있다. 단테의 『신곡』에 등장하는 지옥과 연옥이며 천국의 여행은 저러한 환희가 증폭되어 있을 뿐만 아니라 어두컴컴하고 무시시한 분위기도 깔려 있다. 스승 베르길리우스의 안내를 받고 지옥과 연옥을 여행하는 것이나 또 베아트리체의 손을 잡고 천국여행을 한다는 것이 어찌 지상에서 주어질 것인가! 이처럼 단테의 『신곡』은 의미심장한 여행이다.

아아! 그러나 우리의 나그네가 감행하는 여행은 이러한 여행들처럼 결코 휘황찬란할 수 없을 것이다. 그의 여행은 열린 세상을 활보하면서 환희와 신비를 자아내는 여행이라기보다는 오히려 머물면서 감행해야 하는 여행일 것이다. 그러나 초라한 이 여행에도 예민한 관찰력을 갖고 만나는 세상을 목격하면 뭔가 찾아지는 것이 있을 것이다. 이 여행은 굵직한 대상들을 관찰하고 느끼며 감명을 받는 것이라기보다는 마음으로, 또 영적인 눈으로 해야 하는 여행일 것이다. 그것은 새로운 세상에 감탄하는 여행이라기보다는 오히려 새로운 세상을 열어야 하는 여행에 가깝다. 그러기에 그는 위와는 다른 여행에 눈을 돌려야 할 것이다.

모든 여행이 다 위와 같이 찬란한 여행일 수는 없는 것이다. 거기엔 고통이나 위험이 수반하는 여행도 있고 유랑이나 순례도 있으며, 시공의 울타리를 넘어서는 구도여행도 있다. 그러나 무엇보다도 차갑고 매서우며 끝없는, 인생의 에너지가 송두리째 탕진되는 빌헬름 뮐러와 슈베르트의 「겨울 나그네」(Winterreise)도 있다. 그런데 이런 끝없고 고독한 여행과는 달리 의미 있는 여행이 오히려 끝나버리는 (어느 시점에서 중단되어야 하고 되돌아와야 하는) 경우도 있을 것이다. 아니면 아픔을 가중시키는 여행도 있을 것이다. 오르페우스의 황천나라 여행이 바로 그런 경우이다. 그는 칠현금을 뜯어 슬픈 노래와 시(詩)로서 염라대왕을 감동시켜 결국엔 자기의 아내 유드리체(Euridike)를 데리고 나올 수 있었으나, 그 길고 음침한 황천길을 빠져 나올 때 뒤로 돌아보아서는 안 된다는 약속을 어겨, 또 다시 아내를 잃고 말았다. 그의 슬픈 칠현금 소리는 계속 울리고 있을 것인가?

『왕오천축국전』[7]의 저자 혜초는 또 얼마나 외롭고 고달픈 여행을 했던가. 그 여행은 오히려 이승의 시공을 초탈하는 구도여행인 것이다. 고향 서라벌을 그리워하면서 타국에서 삶을 마감했을 때 그의 심정은 어떠했을까? 우선 두발로 지구의 절반 이상을 걸어서 이 대륙에서 저 대륙으로 중국과 인도의 군소 나라들과 티벳과 네팔, 아프가니스탄과 중앙아시아, 페르시아와 동로마에까지 닿았던 그의 순례는 차라리 시간과 공간을 초월한 피안여행이라고 하는 것이 맞을 것 같다.

세계사는 콜럼부스가 1492년에 배를 타고 아메리카대륙을 발견한 것을 거대하게 평가한다. 그러나 서구인의 그러한 여행은 주로 함대와 병사와 무기를 앞세운 정복여행이었고 식민지 개척을 위한 여행이었다. 이와 반면에 서기 720년대에 혜초가 수없이 먼 대륙을 헤매며 깨달음의 여행을 한 것은 콜럼부스의 정복여행과는 비교할 수 없는 인류정신사의 값지고 위대한 업적인 것이다. 혜초보다도 약 100년 앞선 7세기에 이미 신라승려인 아리나발마며 혜엽, 현각도 혜초와 비슷한 순례를 했었고 또 이보다 다시 백년이상이나 앞선 서기 526년에는 백제의 겸익이 인도로 건너가 깨달음의 여행을 감행하지 않았던가.

우리들은 보통 일상의 가시적 세계에서 이리저리 바둥거리다가, 혹은 고작 정처 없는 이승에서 왔다 갔다 하다가 삶을 청산하지만, 이들 순례자들은 수평선 저쪽에까지, 가시적 세계의 피안에서 시간과 공간의 모든 경계를 비웃으며 깨달음의 여행을

7) 이것은 1908년 프랑스의 동양학자 폴 펠리오가 발견하기까지 약 1200년 동안 중국 돈황의 천불동에 잠자고 있었다.

감행했던 것이다. 그러나 고향에 대한 피맺힌 그리움 또한 이루 말할 수 없었으니 저 『왕오천축국전』 가운데는 그런 시구(詩句)가 나타난다.

달 밝은 밤에 고향 길을 바라보니
뜬 구름은 너울너울 고향으로 돌아가네.
나는 편지를 봉하여 구름 편에 보내려 하나
바람은 빨라 내 말을 들으려고 돌아보지도 않네.
내 나라는 하늘 끝 북쪽에 있고
다른 나라는 땅 끝 서쪽에 있네.
해가 뜨거운 남쪽에는 기러기가 없으니
누가 내 고향 계림(신라)으로 나를 위하여 소식을 전할까?[8)]

혜초가 한번은 많은 세월동안 공부하고는 고향으로 돌아가려던 중 병들어 쓸쓸히 죽어간 구법승(求法僧)의 이야기를 듣고서 '매우 슬퍼져' 이 낯선 만리타향에서 자신의 운명을 생각하며, 또 저 승려의 저승길을 슬퍼하며 다음과 같은 시를 남겼다.

고향집의 등불은 주인을 잃고
객지에서 보수[9)](寶樹)는 꺾이었구나.
신성한 영혼은 어디로 갔는가?
옥같은 모습이 이미 재가 되었구나.
아! 생각하니 애처로운 생각 간절하고,
그대의 소원 못 이룸이 못내 섧구나.

8) 혜초(이석호 역): 『왕오천축국전』, 44쪽, 을유문고, 1984년.
9) 보물나무: 여기선 중국인 구법승을 비유한다.

누가 고향으로 가는 길을 알 것인가?
부질없이 흰 구름만 돌아가네.[10)]

한번은 혜초가 러시아와 아프가니스탄의 국경지대인 당시의 투카라국(Tuhkhara)에 있었을 때 서쪽 변방으로 가는 중국 사신을 만났는데, 그가 먼 길을 한탄했을 때 먼 고향이 떠올라 또 다시 고향을 그리워하는 시를 남겼다.

그대는 서번(西蕃)이 먼 것을 한탄하나
나는 동방으로 가는 길이 먼 것을 한하노라.
길은 거칠고 굉장한 눈은 산마루에 쌓였는데
험한 골짜기에는 도적떼도 많도다.
새는 날아 깎아지른 산 위에서 놀라고
사람은 좁은 다리를 건너기를 어려워하도다.
평생에 눈물 흘리는 일이 없었는데
오늘만은 천 줄이나 뿌리도다.[11)]

이토록 피맺힌 시를 남겼지만 혜초는 그러나 끝내 고향인 서라벌로 돌아오지 못한 채 쓸쓸하게 생을 마감했던 것이다. 이토록 외롭고 쓸쓸한 혜초의 여행은 일파만파의 상념의 나래를 펼치게 한다.

또 금세기의 이 미륵과 또 최근에 있었던 윤이상의 여로는 어떤가. 이들도 향수에 시달리면서 된서리 같은 한(恨)을 독일 땅에 뿌려놓고서 삶을 마감하지 않았던가. 이들은 이역만리 떨어진 독일 땅에서 해야 할 여행을 다 못한 채 삶의 여로를 끝내고 말았

10) 혜초(이석호 역): 위의 책, 49쪽.
11) 위의 책, 65쪽.

지. 글쎄다, 이 미륵은—도대체 어떤 운명이기에— 파란만장한 인생여로를 항해하곤 고향에 대한 완성되지 않은 길고 긴 서사시를 남긴 채 쓸쓸한 나그네로 삶을 마감했지. 고향에 대한 그리움을 들쑤셔가며 부른 그의 망향가는 어떻게 되었나. 그래, 『압록강은 흐른다』, 그것도 그리움과 방랑이며 이루지 못한 귀향의 삼위일체를 끌어안은 채, 그러나 그대는 크레펠팅(그의 무덤이 있는 곳)에서 싸늘한 비가만 부르고 있다. 그토록 쓸쓸하게 삶의 여로는 끝나야 하는가. 제3막에 끝나버리는 연극처럼 인생의 삶도 중도에서 하차할 수 있다는 것으로 변명이 되는가. 글쎄다, 이를 받아들이지 않는다면 또 어떡하겠는가.

망향가를 부르다 지쳐서 숨을 거둔 윤이상! 따뜻한 남쪽 통영(그의 고향)엔 제비들이 날고 학이 집을 지으며 수없이 아름다운 섬들이 남쪽나라를 단장하고 있는데, 그대는 타국에서 고향을 그리워하며 죽어갔었지. 고향—영원한 본래성의 터전! 우주가운데에 찍힌 하나의 수수께끼의 점. 인간은 그러나 이 수수께끼를 완벽하게 풀 수 없다. 왜 그대의 방랑은 끝이 없었고 나그네의 멜로디만 남긴 채 사라졌는가. 그대의 음악은 동서양을 넘나들고 다리를 놓았건만, 그는 그러나 타국에서 이방인으로 살다가 베를린의 공원묘지에 누웠다. 그의 무덤에 뿌려진 통영의 흙이 그대의 영혼을 위로해 주리라고 믿자. 그래, '낙동강은 흐른다'—대양으로, 그대의 고향으로 그리고 삶의 종착역으로.

이제 쓸쓸했던 이들의 여로를 접고 저쪽 지중해의 더돌이를 떠올려보자. 수많은 방랑 끝에 고향 이타카에 도착한 오디세이의 여행은 어떤가? 그는 지중해의 이쪽저쪽을 유랑하다 온갖 역경을 맛본 뒤 힘겹게, 그러나 승리에 찬 귀향에 이르렀지. 그것은 그러나 그의 통과의례 여행이었던 것이다. 반신반인인 아킬레스에 비하면 하찮은 인간에 불과한 그가 신적인 영웅의 대열에 끼기 위해선 그러한 고된 여행이 준비되어 있었던 것이다.

귀향 중에 사이렌들의 유혹을 물리치기 위해
자신을 묶게 한 오디세이

철인 플라톤은 스승의 죽음 후에 약 10년이나 되는 세월을 방랑하면서 세상으로부터 온갖 체험을 하고는 밝고 맑은 영혼의 눈으로 고향 아테네로 돌아갔었지. 그는 오랜 세월동안 외롭고 고된 여행을 했지만, 그러나 위대한 철학의 수업을 하고 돌아왔으니 이 얼마나 대단한가! 우리의 나그네는 그가 했던 여행을 하고 싶고, 또 그가 아카데미에서 펼친 학문에 참가하고 싶어 한다. 또한 플라톤에게 사상적 자양분을 선사한 철인 파르메니데스가 했던 여행은 얼마나 심오한 여행이었을까? 그가 했던 여행을 뒤따른다면, '어둠의 집'을 떠나 가파르고 험난한 길을 거쳐 '빛의 나라'로 여행해야 할 것이고, 또 그 나라 앞에 세워진 빛과 어둠이 갈리는 '태고의 문'에서 여신 디케(Dike)를 만나 '존재의 진리'를 선사받아야 할 것이다.

그러나 이 모든 것은 너무나 과분하고 분수에 넘치는 여행이라서 우리의 나그네에게 주어지지 않는 것이지만 그는 일어서서 이제 비행해야 한다.

빛과 어둠이 갈리는
'태고의 문' 으로 나아가는
파르메니데스

Ⅲ. 날개짓

1983년 5월의 무르익는 봄이 세상에 퍼져 있었을 때 우리의 나그네는 날개짓을 했다. 그로서는 이카루스-콤플랙스를 갖고 있을 정도로 하늘로 날아오르는 비행에 기뻐 날뛰지만, 그 날은 그러나 침착한 마음가짐이다. 하늘은 봄바다처럼 고요했고, 그가 탄 비행기는 '어머니 대지'를 떠나 세상의 국경들을 모두 허물어뜨리고 서쪽으로 날기 시작했다. 그의 여태껏 둥지는 차츰 옛 둥지로 변해가고 공간적으로도 떨어지기 시작했다. '어머니 대지'위에 있는 모든 존재자들은—사람들과 집들이며 도로나 차들도—모두 다 작아져 가고 그도 『어린 왕자』처럼 무한한 공간을 휘젓고 날아갔다.

생텍쥐페리의 『어린 왕자』.
어린 왕자는
철새들의 이동을 이용하여
자기의 별로부터 빠져나왔을
것이라고 ….

그러나 이들 가물거리는 존재자들은 이내 곧 그의 가족이라도 된 듯 그리워진다. 이 비행이 길어지면 길어질수록 '어머니 대지'도 그리고 그 품속에 삶을 영위하는 저 존재자들도 더욱 더 그리워 질 것이다.

구름층 위에는 태양이 장엄하게 빛난다. 그리고 솜털 같은 흰 구름이 끝없는 구름들판을 이루어 마치 조물주가 그 위로 산보하시고 또 그가 이 구름들판 위에서 암브로시스(신이 드시는 음식)를 경작하시는 것으로 보일 따름이다. 그의 날아가는 둥지는 그러나 귀엽게 하늘과 구름과 대지가 만드는 공간을 비집고 서쪽으로 나아간다. 그의 상념 또한 비행기처럼 날아서 높고 넓은 공간들을 기웃거려 보았다. 그러나 그의 날아가는 둥지는 하루만에 목적지에 도착해버렸기에 철새의 이동거리보다 멀게 생각되었던 이 거리가 오히려 우습게 여겨졌다.

그는 작고 예쁜 도시 본(Bonn)으로 갔다. 그는 여기에 닻을 내리고는 정착하고 거주해야 한다. 날아다니는 새도 지상에 둥지를 틀어 거주하는데 인간인들 어찌 그 예외일 수가 있을까. 흐르는 강물도 바다에 머물고 날아다니는 천사도 천국에 머문다. 누군가 '집 없는 천사'를 말했지만, 그러나 '집 없는 천사'는 진짜 천사가 아니다. 그러기에 모든 생동하는 존재자는 거주해야(머물러야) 하고, 또 모든 거주하는 존재자는 생동해야 한다.

본의 중심가.
왼쪽에 라인강이 조금 보이고 바로 그 앞에 숲이 우거진 곳이 본대학교 본관 겸 문과대학이다. 멀리 지벤게비어게 산맥이 보인다.

라인강가에 자리잡은 작은 도시 본(Bonn)은 아름답다. 과연 독일의 '심장'(Herzchen)이라는 별명에 어울리는 도시이고 베토벤과 같은 악성이 태어날 만한 곳이다.

본(Bonn)의 베토벤 연주홀

넓은 잔디밭과 고풍스런 대학건물은 이 도시의 심장부에 자리잡고 있고, 라인강은 인간들의 젖줄답게 도시의 중심부를 관통하고 있다.

본(Bonn)대학교

구불거리며 흐르는 라인강과 지벤게비어게 산맥이며 이 산맥의 자락에 파묻힌 한 폭의 수채화 같은 보이엘(Beuel)을 그림으로 그려내지 못하는 우리의 나그네는 자신을 얼마나 질책했던가. 석양 때 태양은 이 도시의 남쪽에 있는 반 호네프(Bad Honef) 마을 앞 라인강물을 벌겋게 달군다. 그리고 이 모습은 도시 중심부의 망루에 서있는 나그네의 넋을 송두리째 빼앗아 간다. 강물은 태양 빛에 놀라서 멈춰버리고 그 반사광은 황홀색으로 달아오른다. 저 황홀경 속에서 그는 수없는 상상의 나래를 펼치다가 바깥세상이 까만색으로 변할 때에야 자리에서 일어나곤 했다.

야외에서의 담론

우리의 나그네는 음악가 슈만(Schuhmann)이 만년에 살았던 세바스티안(Sebastian)가의 슈만하우스(Schuhmannhaus)에서 약 50미터 떨어진 곳에 우선 몇 개월 살았었다. 지금은 도서관과 박물관으로 사용되는 슈만하우스엔 사람들도 많이 찾아드는데, 그도 그곳으로 가끔 산책을 나가곤 했다. 아름다운 낭만파의 피아노선율을 작곡한 슈만은 그러나 쓸쓸하고 불행한 만년을 보냈던 것이다. 우리 나그네의 방은 아홉 평방미터나 될까말까하는 작은 방이었다. 그것도 지붕에 접한 방이라서 이 공간을 충분히 사용할 수 없었다. 창문이라곤 지붕에 붙은 조그마한 것이 전부라서 이웃집들이나 대지며 나무들을 볼 수 없었으나 하늘과 하늘의 별을 실컷 볼 수 있었다. 그 흐릿하게 보이는 별들을 꼼꼼히 헤아려보아도 결코 반 고흐(van Gogh)의 「별이 빛나는 밤」과 같지는 않았다. 이 창문을 열면 멀지 않은 고속도로에서 무제한으로 달리는 자동차의 소음으로 기겁하게 된다. 이 작은 방에서 그러나 그는 새로 출발하는 자기 삶의 여로에 불씨를 지피고, 고개를 내밀어 집념을 허물어뜨리는 지난날의 추억을 짓누르며, 또 그의 삶 가운데에 번져있는 고독을 달래었다. 여름날엔 지붕에 붙은 코딱지만한 그의 방은 창문을 열어 놓아도 후텁지근하다. 깊은 밤이 다가와야 비로소 서늘해진다. 잠을 쉽게 이루지 못하는 밤엔 별들을 헤아리고 고향을 떠올리며 거기에 있는 정다운 사람들과 또 슬퍼하고 계실 어머니 생각으로 이리저리 뒤척이다가 창문도 닫지 않은 적은 또 얼마나 많았던가.

IV. 라인강변을 거닐며

세바스티안가(街)에서 우리의 나그네는 지긋지긋한 여름을 보내고, 가을이 시작되는 때에 이 도시의 남쪽에 위치한 받-고데스베르크(Bad-Godesberg)로 이사왔는데, 그 곳은 라인강에서 불과 2-3분 거리에 놓여 있는 곳이다. 옛날 한 때 병원이었다는 이 건물은 제법 오래되어 고풍이 서린, 또한 정원엔 아주 큼직한 너도밤나무를 비롯한 많은 나무들이 우거진 큰 기숙사다. 그의 방은 뜰 안에 위치한 독립건물에 속했기에 가끔 정원을 내다보며 생각에 잠길 수도 있었고 새소리를 들을 수도 있었으며, 또한 조용했기에 얼마든지 독서에 집중할 수 있었다. 옛날 세바스티안가의 방과는 비교도 안 될 정도로 훌륭하고 마음에 들었다. 이 건물의 식구들 5-6명이 사용하는 공동식당은 퍽 넓은데다 창문에까지 너도밤나무의 가지가 뻗쳐있었고, 젊은이들은 종종 함께 요리하고 식사하며 포도주나 맥주도 가끔 마셔가며 밤늦게까지 대화를 나눌 때도 있었다. 이러한 분위기는 그가 낯선 곳의 새둥지에 적응하는 데에 많은 도움을 주었다.

대화에 탐닉하는 젊은이들

젊은이들은 밤이 깊어가는 것을 아랑곳하지 않고 대화에 탐닉했으며, 그 대화의 소재도 철학에서부터 시작하여 신학, 문학, 문화, 지리, 여행, 음악, 동서양의 사상, 국제정세, 제 3세계 등등 일상생활에 관한 것에 이르기까지 온 우주의 구석구석이 다 포함되었다. 그들은 동양의 사상과 문화에 대해서 지대한 관심을 갖고 있었다. 특히 동양학을 전공하는 우태(Ute)양은 동양의 음악에 매료되어 동양음악을 과외로 오랫동안 배웠고, 또 동양음악에 대해 학위논문을 썼을 정도였다. 이 외에도 동양의 사상과 문화 및 철학에 이르기까지 그녀는 폭넓은 관심영역을 갖고 있었다. 한번은 억수같은 비가 쏟아지는데, 그녀는 이 비를 태연하게 맞으면서 산책을 마치고 돌아왔다. "너 왜 그러니?"라고 물었더니, 진지하게 대답하기로 "삶이 무의미하기 때문"이란다. 도대체 무엇이 그토록 삶을 무의미하게 만들었을까. 그 진지한 대답은 그러나 상당히 철학적인 무게를 지니고 있었다. 이 영락없는 인생의 나그네는 그 이후 우리의 나그네와 오랫동안 길벗이 되었다.

동양학을 전공하고 동양음악을 사랑한 Ute양

이리하여 우리의 나그네는 이곳 반-고데스베르크에 정착하게 되었는데, 사실 낯선 땅에 새 둥지는 튼다는 것은 그리 쉬운 일은 아니다. 그래서 엘리아데가 그의 『성과 속』에서 지적하듯, 고대로부터 흘러 내려오는 정착과 주거의 전통엔 둥지에 들어가기까지 여러 가지 제례나 의식이 행해졌음을 상기할 필요가 있으리라. 통과의례는 다 예사롭지 않고 쉽지 않는 법이다.

그러기에 최소한 고향에 대한 그리움을 끌어안으면서 새 둥지에 대한 집들이는 말할 것도 없고 새로운 이웃과 '어머니 대지'에 대한 준엄한 신고식이 따라야 하리라. 그래서 그는 특별히 잠 안 오는 깊은 밤에 이곳 반-고데스베르크의 거리들을 구석구석 쑤셔 다녔고 아름다운 정원들에 인사했었다.

그는 그의 기숙사의 건물이 위치한 헤르더가(街)에 밤이고 낮이고 수없이 산보를 나갔었고 그 울창한 보리수나무들이 만든 가로수를 따라 라인강가에까지 가곤 했었다. 라인강이 접한 곳에는 우거진 수풀의 자연공원도 있어 사람의 발길이 끊기고 사방이 적막 속에 미끄러진 깊은 밤엔 오히려 무서움마저 저려오는 것이었다.

라인강변의 산책로

강변에 놓인 산책로를 따라 남쪽으로 조금만 내려가면 우리 나그네의 집으로 곧장 가는 라인알레(Rheinallee)가(街)가 시작되는데, 이 지점에는 라인강의 선착장이며 저쪽 피안과 오락가락하게 하는 강나루가 있어 낮이면 사람들이 제법 붐빈다. 그런데 이 선착장 뒤로 대략 10미터 높이의 언덕엔 길게 뻗고 잘 가꿔진 공원이 나타난다. 그는 수없이 이곳에 산책 나왔고 또 햇볕이 따스할 땐 이 잔디밭 위에 누워서 하늘을 보기도 했다. 이 언덕 위엔 라인강변 도로와 평행하게 두 줄로 길게 늘어선 가로수가 산책로를 가운데로 하고 뻗어있다. 사철 옷을 갈아입는 이 가로수들은 언제 보아도 아름다워 행인을 깊은 상념에 사로잡히게 한다. 독일인들은 곧고 각도가 잘 잡힌 것을 좋아하기에 이 가로수들은 그 취향에 잘 맞춰져 길게 늘어서 있으며, 정원사들에 의해 그 크기나 높이며 가지들의 뻗어 있는 모습까지도 거의 비슷하게 다듬어져 있다. 그러기에 그는 이들 사이를 지나갈 때는 마치 군대에서 사열하는 느낌도 들었는데, 사람이 아닌 살아 숨 쉬는 나무들을 대상으로 전개하는 이 사열은 그러나 그의 마음에 들었다. 왜냐하면 그는 마치 철인황제 아우렐리우스가 이처럼 살아있는 생명나무들을 사열하면서 호메로스의 시구(詩句)를 읊었을 것으로 생각되었기 때문이고, 또 그 시구는 준엄한 자연의 섭리와 법칙에 대한 노래며, 생성소멸과 이 생성소멸의 피안에 있으면서 이를 가능케 하는 존재에 대한 노래로 들렸기 때문이다. 월터 페이터가 그의 『페이터의 산문』속에서 '철인 황제 마르쿠스 아우렐리우스'에 대해 쓴 산문 몇 토막을 읽으면 벌써 소름이 끼친다: "참다운 지혜로 마음을 가다듬는 사람은 저 호메로스의 시구(詩句)절 하나만으로도 이 세상의 온갖 비애와 공포로부터 자유로울 수 있다. <인간은 나뭇잎과 흡사한 것, 싸늘한 가을바람이 낙엽을 쓸어 가면 봄은 새로운 잎으로 숲을 덮는다.>"

'동화의 마을' 인 받-고데스베르크.
포도밭이 보이는 곳에서 계속 내려와
이쪽 수풀이 접하는 지역에 라인강이 가로로 흐른다.

그는 수없이 라인강변을 오간 뒤에 단단한 둥지를 틀었고, 또 둥지를 틀고 난 뒤 수없이 이 강변을 오갔다. 인생의 삶 전체가 여로에 비유된다면 라인강변에 튼 그의 둥지는 임시로 닻 내린 곳이기도 하겠지. 이 강변에서 그는 자연을 경탄하는 어린아이가 되었고 세월의 흐름을 쫓는 노인이 되었으며, 말을 건네는 시인과 시비를 거는 철학자가 되었고 망향가를 부르는 음악가가 되었다. 그리고 무엇보다도 그는 그의 고독과 희망을 강물에 떠내려 보내기도 했고 또 흘러가는 고독과 희망을 잡기도 했다.

V. 산책로에서 목격한 존재의 향연

라인강의 젖줄은 알프스산에서 시작되어 북해(Nordsee)에 이른다. 라인강은 유럽의 지붕인 알프스에서 발원하여 독일 땅을 적시고는 어두컴컴하고 깊은 북해로 향하는 것이다. 성스러운 산에서 발원한 라인강은 곧 성스러운 산의 비밀을 가득 싣고 원천인 아틀란티스로 흘러 들어간다.

그런데 아무리 깊은 밤이라도 라인강가에 오면 불을 켜고서 달리는 큼직한 배들이 두근두근 소리를 내며 오갔는데 어떤 땐 그 두근거리는 소리가 내 심장의 박동소리와도 비슷하게 들렸다. 작고 큰 배들은 라인강이 발원하는 알프스에서부터 귀착하는 북해(Nordsee: 노르트제)사이를 오가며 인간이 필요로 하는 갖가지 물건은 말할 것도 없고 고독과 희망이며 산과 바다의 비밀을 실어 나른다. 강물은 자신이 흐르면서 타자를 흐르게 하고, 길을 만들고 또한 길을 막는다. 밤에 전개되는 이러한 풍경은 어떤 화폭이나 선율과도 비교할 수 없어 그는 쉽게 감미롭고 신비로운 경지에 도취되었다.

한번은 은은하고 아늑한 깊은 밤에 강변을 따라 걷고 있는데, 아주 코에 익은 찐한 꽃향기가 그의 길을 막았다. 달빛은 사방에 퍼져 있으나 어슴푸레한 강변의 숲엔 그러나 특별한 꽃이 보이질 않았다. 그 향기가 발산하는 쪽으로 이끌리어 언덕을 오르니, 거긴 수풀 사이에 파묻힌 채 강 쪽으로 얼굴을 내밀고 핀 아카시아 꽃이 생긋하며 반긴다. 도대체 흐르는 강에 무슨 얘기를 하려고 이처럼 강 쪽으로 얼굴을 돌렸나. 세상이 잠든 이 깊은 밤에 아카시아 꽃은 마치 그의 고향의 화신인 듯 그를 불러서 포근하게 감싸주고 있다. 달빛에 반사되어 우아한 은색을 내는 아카시아 꽃은 그의 향수를 불러일으켰고 또 달래었다. 어둠과 정적이 겹치는 신비로운 시간에 그는 도깨비처럼 여기에 자주 나타나 아카시아 향기를 송두리째 빨아들이곤 했었지.

아카시아 꽃과 뻐꾹새는 또 지금쯤 얼마나 고향의 봄을 익혀가고 있을까? 여기서의 아카시아 나무는 흔치 않다. 아주 드물게 한 그루씩 서있기에 더욱 고귀하게 보인다. 그는 어렸을 때에 뒷동산의 아카시아 밭을 지나 초등학교에 다녔었다. 거기에 핀 아카시아의 향기는 봄 하늘을 진동시켰던 것이다. 새들도 그 향기에 도취되어 공중곡예를 계속하곤 봄 하늘을 요란스럽게 지저귀었다. 우윳빛 흰색과 맑고 청초하며 그윽한 향기에 도취된 어린 날의 그의 모습은 기억에 곱게 간직되어 있고, 이역만리 떨어진 이곳에서 아카시아꽃 향기를 맡을 때는 추억 속에서 생성한 어린 날의 모습이 되살아나는 것이다.

은은한 은백색의 달빛과 이 빛을 반사하는 강물이며 또 은백색의 광채와 향기를 내뿜는 아카시아 꽃의 위력으로부터 세상의 운행은 정지되었고 그도 또한 마법에 걸린 듯 도취되고 말았다. 아름다움이 극에 달하면 곧 이 아름다움은 성스러움으로 변한다. 인간은 이 아름다움 앞에서 순간적으로 신적인 영원으로 이끌리고는 신적인 성스러움의 위력 앞에 응고되고 떨게 된다. 낮 동안 말없이 잠자던 이 자연의 식구들은 밤에 초자연적 마법을 걸고 생명력을 발산하니 '물활론'(탈레스)이 맞는 모양이다. 그러나 아름다움이 시공의 세계를 정복해버린 곳에서 시간과 흐름의 울타리를 벗어나 영원을 체험한다는 것은 오히려 성스러운 느낌마저 든다. 우리는 지상에서 간혹 이런 초시공의 체험을 할 것이고 또 다시 시공의 굴레로 곤두박질하겠지만, 그때마다 시간은 결국 영원을 닮아가 조금씩 조금씩 아름답게 색칠되어 갈 것이다.

그러나 우리의 나그네는 섬세한 영혼들이 숨 쉬는 밤을 통해 거대한 존재사건을 꿰뚫어본다. 밤은 그야말로 낮을 쉬게 하고,

낮에 일한 모든 존재자들을 잠들게 하는 이불이다. 그러나 밤은 이 모든 피조물들이 내일 다시 태동하도록 조용하고 엄밀하게 예비 작업을 펼치고 있는 것이다. 말하자면 침묵 속에서 엄청난 일들이 벌어지는 것이다.

존재가 펼치는 향연도 극도의 침묵 속에서 펼쳐지기에, 많은 사람들은 그 낌새를 알아차리지 못한다. 그것은 모든 밖으로 드러나 있는 존재자들은—그것이 엄밀하게 드러나 있든 혹은 야단스럽게 혹은 은은하고 찬란하게 드러나 있든— 드러나 있지 않는 존재에 포근히 안겨져 있기 때문이다. 우리가 어떤 사물(존재자)을 말한다면, 거긴 이미 존재의 역할이 수행된 것이다. 그래서 그 사물이 다름 아닌 그 사물로서 있게 된 것이다. 이 존재자를 있게 한 존재의 의미를 망각한 것에 철학자 하이데거는 개탄한다. 모든 존재자들은, 그들이 존재하는 한, 존재의 지평 안에 있고 존재의 가호와 은혜를 전제로 하고 있다.

그러기에 우리가 어떤 존재자에 대해서 한 문장을 말한다는 것은 이들이 이미 존재의 무대 안으로 들어온 것을 동시에 말한 것이다. 그럼에도 불구하고 그러한 존재자를 있게 한 존재에 대해선(눈에 안 보인다고 해서) 알지 못하는 데에 '존재망각'의 아픔이 들어있는 것이다. 만약 우리가 지금 저 하늘을 바라보면서 "은하수는 제우스의 궁전으로 향하는 길인 것처럼 하늘을 가로질러 놓여있다"라고 한다거나, "밤하늘은 무시무시한 신비로 온 세상을 덮고 있고, 정원에 꽃가루를 뿌린 듯 별들을 자신의 뜰에다 뿌려놓았다"고 한다면, 여기에서의 '있음'도 존재가 관여하고 있음을 미미하게나마 형식적으로 지적하는 것이다. 위에서 '은하수의 있음'이나 '온 세상이 밤하늘에 의해 덮여있음'이며 '별들이 뿌려져 있음'에서의 '있음'은 문장론이나 문법적 의미에서 존재의 활동에 대해 힌트를 제공하고 있는 것이다.

이리하여 오늘 밤하늘에 은밀하게 드러나 있는 모든 존재자들은 하나도 예외 없이 이 '있음'의 지평 가운데 드러나 있는 것이다. 다시 말하면 이 '있음'의 지평 위에 드러났기에, 어떤 존재자는 존재자로서 발견되고 말해지는 것이다. 존재가 곧 존재자로 하여금 '비은폐성'(Unverborgenheit; 하이데거의 용어)에로 불러온 것이다. 우리가 존재의 의미를 의식하지 못하여 부지(不知) 중에 말을 하는 경우에도 존재는 자신의 역할을 수행하고 있다.

이를테면, 달빛은 흐르는 강물을 반사시켜 그 위용을 드러내고 있고, 대지는 이러한 강물이 흘러 내려가도록 길을 배려하고 있으며, 강물 또한 마른 대지를 촉촉하게 적시면서 젖줄의 역할을 하고 있다. 하늘은 또한 비를 내려 강이 물을 담을 수 있도록 하고 있다. 대지는 하늘의 신비를 담고 있고, 흐르는 강물을 양쪽에서 보호하며, 무릇 생명체들을 자신의 가슴 안에 품고 있다.

이처럼 우리는 온통 '있다'라는 동사를 너무나 흔하게 쓴다— 마치 이 단어가 없으면 진술이 되지 않을 정도로. 그럼에도 불구하고 우리는 이 동사가 암시하는 '있음'의 의미를 통찰하지 못하고, 그저 일상과 습관에 젖은 태도로 너무나 자명하고 흔한 것으로 간주해버리고 만다. 어쩌면 역설적으로 너무나 흔하고 광범위하게 쓰기에, 그 의미를 잊어버리는 지도 모른다(존재망각).

실로 이 코스모스에는 있음 가운데 만물이 드러나 있다. 즉 모든 있는 것들로서의 만물(모든 존재자들)이 채워져 있다. 이것이 있고 저것이 있으며, 모든 것이 있고, 없는 것이 없다. 간혹 우리가 "없는 것도(이) 있다"고 진술할 때도 '있음'의 드움으로 없는 것이 없는 것으로 드러난 것을 알 수 있다. 그런데 이토록 이것과 저것이며 모든 것이 있는 데에는 이미 존재가 전제되었고, 이미 존재의 은혜와 가호와 내보냄(드러나게 함)이 함께 한 것이다. 이미 존재는 이것, 저것, 모든 것을 있게 하고, 그 토대와 지평을 마련했으며, 무대 위로, 향연장으로, 시공의 세계에로 들여다 보낸 것이다. "도대체 왜 뭔가가 존재하고, 존재하지 않지 않는가"는 예로부터 내려오는 기적 중에 기적인 사건이다.

그런데 존재자들은 제 혼자로만 존재하는 것이 아니라, 부단히 다른 존재자와의 교류와 조우 가운데 있다. 제 혼자로는 존재의 향연장을 빛내기 어려울 것이다. 존재자들끼리의 교류와 조우는 자세히 들여다보면 극도의 침묵이 흐르는 밤에도 드러나 있다. 하늘도, 하늘의 별도, 대지도, 강물도, 인간도, 그 어떤 생명체와 보잘 것 없는 미물도 제 하나로만 존재하지 않고 타자들과 이웃하고 교류하며 반영하고 있다. 서로는 서로를 필요로 하고 전제로 하며, 서로를 위하고 서로에게 말을 건넨다.

그러기에 존재하는 그 어떤 작은 미물도 이유 없이 존재하는 것은 없으며, 존재할 자격과 가치를 이미 가졌다고 보아야 한다. 그들의 존재함은 인간의 결정사항과 무관하게 진행되어 왔으며, 따라서 스스로 존재할 불가해한 권리를 이미 가진 것이다. 그러기에 그 어떤 작은 미물도 코스모스의 가족이며 코스모스의 얼굴인 것이다. 물론 이들도 눈에 안 보이는 호흡을 하고 타자들과 교류하며 공동으로 존재의 향연장을 장식하고 있다.

그러나 이토록 코스모스의 식구들이 서로를 전제로 하고 필요로 하며 서로에게 말을 건네는(이를 '반영놀이'라고 칭하자) 반영놀이는 실상 이들이 반영놀이를 할 수 있도록 존재가 그 향연장을 마련한 것이다. 존재자들은 존재의 향연장 안에서 자신을 전개하고 드러내며 자신의 세계를 펼친다. 코스모스의 사방(하늘, 땅, 신, 인간)이 서로 가족이고 서로 이웃이며, 또 서로 이웃을 필요로 하여 서로를 비추는 반영놀이를 하고 있다는 것은 철인 플라톤과 하이데거의 사유세계에 드러난다.

이 모든 존재자들의 반영놀이는 존재가 마련한 향연이다. 절대적인 무(無)와 카오스가 아니라, 존재자들이 존저하여 서로 반영놀이를 하는 것은 경이 중의 경이라고 할 수 있다. 도대체 하늘이 없지 않고 존재하는 것도, 별이 빛나고 있으며, 대지가 견고하게 버티고 있고 강물이 대지 위를 흐르는 것도, 인간이 존재하면서 이들을 목격하고 있는 것도 경탄 중의 경탄으로 다가올 것이다. 경탄하는 존재자는 인간이다. 그는 존재의 향연에 참여된 자이고 참여하는 자이며 또한 존재의 향연을 꿰뚫어보는 자이다. 존재의 향연에 참여한 인간은 경이와 경탄으로 전율하지 않을 수 없다.

이처럼 경이로운 사건을 진실로 경이로서, 기적을 기적으로서 꿰뚫어볼 수 있는 자는 거대한 **존재사건**을 간파할 수 있을 것이다. 기적이란 어떤 신비스럽고 미신 같은 미스터리가 아니고 '비과학'도 아니다. 그것은 초과학이고 과학이란 영역 바로 위쪽에 위치한, 우리의 분명한 물음의 범주에 들어와 있는 사건이다. 그것은 분명히 존재하는 것과 그렇게 존재하게 된 것에 대한 물음이기 때문이다. 그것은 초과학이기 때문에 과학으로선 다 해명할 수 없다(이해를 위해 과학이 동원될 수는 있다). 과학은 현상과 현상(들)의 관계에 대해 해명한다. 그러나 그러한 현상이 존재하고 (또 왜 하필 그렇게 존재하며) 왜 그러한 현상(들)의 관계를 갖는가에 대해선 말할 수 없다. '형이상학적인 존재'(ens metaphysikum) 인 인간의 물음영역은 그러나 과학적 영역에만 안주하지 않는다.

"도대체 왜 뭔가가 존재하고, 존재하지 않지 않는가", 왜 존재자가 있는가, 왜 어떤 존재자가 존재하게 되는가, 왜 다르게가 아니고 그렇게 존재하게 되었는가에 대해서 인간은 오직 경탄할 뿐이고 작위적으로 어떻게 할 수 없는 사건이다. 존재에 대한 모든 규명 이전에(본질이든 실존이든, '그리 있음'Sosein이든 '거기에 있음'Dasein이든) 선행하는 것은 위와 같은 기적의 사건인 것이다. 존재사건을 기적의 사건으로 꿰뚫어볼 수 있는 자만이 존재의 향연에 초대될 수 있다.

코스모스의 무대에 자신을 펼치고 드러내어 보이는 것을 고대 그리스인들은 퓌지스(physis)라고 했다. 즉 존재자(하늘이든, 별이든, 대지든, 태양이든 …)가 발현되고 드러나서 존재하고 있다는 원초적인 사건은 퓌지스이고, 이러한 퓌지스는 멀쩡한 정신을 가진 사람에겐 신비와 경탄으로 와 닿는 것이다.

그런데 이 퓌지스로서의 존재는 존재자로 하여금 드러나게 하고, 코스모스의 무대 위에 등단시키고, 피어오르게 하고, 존재의 향연에 초대하지만, 정작 자기 자신은 결코 쉽게 보여주지 않는다. 그래서 헤라클레이토스에 의하면 "퓌지스는 스스로 은폐하기를 좋아한다"는 것이다. 이토록 은폐해 있는 존재자체를 통찰하기 위한 노력이 곧 철인들의 발부등인 것이다.

VI. 존재와 흐름의 노래

모든 강들은 성스럽다. 모든 강들은 인간의 젖줄이고 또 그들은 높은 산들이 하늘로부터 받은 성스런 비밀을 대양으로 전한다. 이처럼 라인강은 알프스의 신화를 북해로 부지런히 실어 나르고 있다. 모든 강들은 다 높은 산에서 발원되고 대양에 귀착하며, 이 둘을 중매하고 또 이 둘 사이에 흐르면서 존재한다.

깊은 바다와 높은 산의 비밀대담을 엿듣기 위해서 우리의 나그네는 강물에 발을 담궈보고, 강변을 거닐며 빠른 물살을 관찰해보기도 했으며 때론 강물위로 돌팔매를 날려 보았다. 그러나 철인 파르메니데스(Parmenides)와 헤라클레이토스(Herakleitos)가 세운 존재와 생성소멸의 방정식은 쉽게 풀리지 않는다.

영원한 존재를 설파한
엘레아의 파르메니데스

존재와 생성소멸(운동)은 한편으로 상반된 것으로 나타나지만, 또 이들이 마치 변증법적 요소를 갖고서 제3의 합을 이루어 내는 것처럼 보이나, 근원적으로 이들은 굵직한 이분법과는 달리 서로 상반된 것을 (혹은 타자를) 자신 속에 포함하고 있는 것이다. 즉 모든 존재는 존재하고 있는 한 최소한 자기운동을 전제로 하고 있으며 또한 자기 동일성을 소유하고 있기 때문이며, 또한 흐르는 모든 것은 이미 존재하기에 실재적으로 흐르는 것이다. 아무 것도 없이 흐를 수는 없다! 있어야 흐름이 가능하다. 모든 존재하는 것은 살아 움직이고 또 모든 움직이는 것은 존재하고 있다. 혹자가 만약 "존재했기에 흐른다"고 하거나 또 다른 혹자가 "흘렀기에 (생성했기에) 존재한다"고 주장한다면 우리는 이들을 융합시켜 "존재함으로 흐르고 또 흐름으로 존재한다"고 하자. 그러기에 철인 헤라클레이토스는 "변화하면서 정지해있다."(혹은 "거닐면서 머문다." : Sich wandelnd ruht es aus)는 깊고 신비로운 명제를 우리에게 설파하지 않았던가? 그러기에 만약 혹자가 "만물은 흐른다"라고 할 것 같으면 그것은 벌써 존재를 내재하고 있다고 하며 (왜냐하면 그것은 흐르는 것으로 존재하고, 그 흐르는 것이 존재 밖의 영역에서 일어나는 것이 아니기 때문이다.) 또 다른 혹자가 만약 만물이 흐르지 않고 "존재하고만 있다"고 하면 그것은 벌써 운동을 내재하고 있다고 하자.(왜냐하면 그것은 살아있어야 하므로) 그러기에 만약 누가 "만물은 흐른다"고 하면 그것은 무엇보다도 우선 흐르고 있어야 하고, 더욱이 이 흐름이 '안 흐름'으로 변해버린다거나 다른 괴물이나 존재자(사람, 천사, 숲, 동물 등등)며 무(無)로 변해버려서는 안 된다는 것을 전제로 해야 할 것이다. 만약 더 이상 안 흐른다면 "만물은 흐른다"가 거짓말이 되기 때문이다. 그러나 이와는 달리 변해버린다면 이 변함도 일종의 (그러나 최종적인) 흐름이지 않겠는가! 그러나 거기서 또 다시 다른 것으로 변하거나 흐르지 않는다면 그건 모순이 되고 거짓이 될 것이다. 그러나 이렇게 변해버리거나 변해버리고 난 뒤에도 그것은 여전히 존재 속에 있는 것이다. 무엇보다도 흐름은 언제나 존재의 영역 밖을 흐를 수 없는 것이다. 따라서 그 흐름이 아무리 흘러도 그것은 늘 존재 안에서 일어난 (그리고 일어나는) 사건이다. 그러나 그럼에도 불구하고 놀라운 사실은 흐름과 운동의 일반적인 명칭인 '된다'(Werden)는 존재(Sein: 있다)와 마찬가지로 신적인 것이다. 물론 소멸해 가는 어떤 존재자(이를테면 인간이나 동식물 등)를 두고 얘기할 때는 '된다'가 신적인 것보다는 오히려 허무하게 여겨진다. 그러나 그렇게 소멸해 가는 존재자는 엄밀한 의미로 말하면 '된다'가 아니라 '된다'의 법칙에 놓여있는 것이다. 그러기에 우리는 '된다' 자체만을 생각해야 한다. 그러면 우리는 세 가지의 신적인 현상을 발견할 수 있다.

첫째로, 일단 되게 하는 존재자(혹은 신)는 이 '된다'를 야기했으므로 의지와 능력을 가진 살아있는 신적 존재임에 틀림없다. 이는 마치 뉴턴이 운동의 원인을 '신의 간섭'으로 보는 것과도 비슷하고 또 아리스토텔레스가 "자신은 움직이지 않으면서 최초로 운동을 일으키는 자"를 신으로 본 것과도 유사하다.

둘째로, '되는' 것도 신적인 현상이다. 이것은 우리가 왜 되는가(안 되지 않고!)라는 질문을 심화해 보면 얻을 수 있는 답이다.

셋째로, '됨'의 법칙에 놓인 어떤 것(혹은 존재자)도 신적인 속성을 가지고 있는 것이다. 왜냐하면 이것이 곧 그런 법칙(혹은 신의 섭리)에 따라 **되므로** 결코 예사로운 것이 아니기 때문이다. 이는 마치 신이 창조한 세계가 결코 신과 무관한 어떤 것이 아니라 곧 신의 작품이고 또 신의 자기표현(explicatio Dei)인 것과 같은 것이다.

이처럼 '존재와 됨'은 심오하고 신비로운 신적인 속성을 갖고 있는 것이다. 우리가 삶을 영위하면서 조금만 더 예의주시하면 '자연'이 동시에 '초자연'임을 통찰할 것이고 하늘 또한 '초-하늘'임을 읽어낼 수 있을 것이다. 그것은 무엇보다도 아무도(그 어떤 천문학도) 하늘의 높이를 잴 수 없고, 아무도 자연의 신비를 캐낼 수 없기 때문이다. 이렇게 읽고 통찰할 수 있는 것은 우리 인간 또한 초인간적인 속성을 갖고 있기 때문일 것이다. 그러나 우리는 보통 안타깝게도 이러한 초월성을 말살하고 포기하며 집어던져 버리고 안목에 펼쳐진 세상과 자기 발 앞의 이기적인 것이며 굵직한 사물의 세계에만 갇혀 산다.

그는 라인강변에 둥지를 틀고 살면서 흐름과 존재가 만든 방정식의 강물에서 퍽 허우적거릴 것이고, 때론 사유의 다리를 강물 위에 세우고 라인강의 저쪽 피안으로 들락날락해야겠지. 그는 그러나 무엇보다도 성스런 강물 속에 든 신화를 건져 물고 그의 둥지로 옮겨야 할 것이다.

별과 건배했던 어느 이국땅에서의 망년회

영화로움으로 승화되는 고독

어둠의 그림자가 오후 네 시면 이미 떨어지는 습하고 침침한 독일의 겨울엔 내적인 안식을 스스로 찾을 수 있는 기술을 터득하지 않은 사람이야말로 암담한 겨울정취에 덜미를 잡혀 앓게 되는 것이다. 이런 겨울엔 도시의 사람들도 어둠이 깔리기 시작하면 도망치기라도 하듯 도시의 중심가를 가로지르며 서둘러 달아난다.

구름이 잔뜩 끼여 온 사방이 암울하거나 비라도 우중충하게 내리면 방안에 틀어 박혀 하얀 벽을 바라보고 고향을 그리워한다거나 사진첩을 뒤적이는 것도 큰 휴식을 제공한다.

긴 겨울 성탄절시장이 오랫동안 열리는 곳에는 그래도 따뜻하게 데워놓은 포도주(글뤼바인)를 마시느니, 정든 사람끼리 짝 지어서 구경하느니, 갖가지 선물을 사느니 하여 시끌벅적하지만 이

기간이 지나면 거리들은 사정없이 수직으로 썰렁하게 된다. 사람들은 (특히 학생들은) 일 년 중에서 가장 큰 명절인 성탄절을 연말연시까지 연장하여 고향에서 가족과 보낸다고 짐을 싸들고 귀향길에 나선다. 그러면 본(Bonn)의 남쪽에 위치한 이 작은 반-고데스베르크(Bad-Godesberg)라는 도시는 갑자기 썰렁하게 되고, 온 도시의 구석구석을 싸늘한 겨울바람이 파고든다. 그리하여 도깨비 방망이 치듯 테아터 광장의 딱딱한 돌 포장도로를 두들겨 대던 그 요란한 발걸음들도 이젠 사라져 버리고 없다.

라인알레라는 거리에 서 있는 육중한 우리 기숙사는 아예 텅 비고 외국인만 자신의 거처를 지키고 있는데, 망년회의 시즌이 다가오면 이들도 밤의 정적과 어둠의 아찔함이며 끔찍한 외로움의 낌새를 알아차리고 어디론가 도피하는 것이다. 옛날에 종합병원이었다는 이 거대한 고전풍의 건물은 마치 주민을 오래 전부터 다 잃어버려 아무도 살지 않는 것처럼 인기척을 찾기가 어렵게 된 것이다. 그런데 이 기숙사의 높이보다 더 크고 육중하게 자란 침엽사철나무는 밤엔 이 건물을 어둠으로 휘감아 묶어버리고 만다. 새들은 마치 무서워서 그런지 거기에 날아들 생각조차 하지 않는다. 담쟁이들은 말라 비틀린 채 건물을 칭칭 감고서는 시끄무레 밤의 어둠으로 장식하고 알기 어려운 색칠을 해가며 묘한 그림을 벽에다 그리고 있다.

지난 가을 때부터 떨어져 아직 사라지지 않고 쌓여 있는 너도밤나무의 낙엽더미들은 차츰차츰 자신의 색깔을 잃어가며 차가운 대지의 습기를 들이마시고 있다. 이 낙엽더미를 새까만 지빠귀(Amsel)들은 진종일 아무런 지저귐도 없이 뒤적거리고, 밤이면 이 낙엽더미 속에 자신을 파묻어 하룻밤을 지낸다. 도대체 어둠과 정적은 대단한 '블랙 홀' 같은 모습을 하고 어떠한 피조물에게도 바스락거리는 소리를 허락하지 않는다.

그러나 나는 밤의 정적에서 뿜어져 나온 위압감에 놀라 움츠려서는 안 된다. 어둠과 정적을 깨뜨려 보려는 셈으로 나는 나의 방에 형광등을 켜놓고는 커튼을 비집고 창문 밖을 내다본다. 그렇지만 백 아홉 가구에서 뿜어내는 어둠의 위력에 나의 작은 방은 마치 망망대해(茫茫大海)에 자리 잡은 외딴 섬으로 변하고 만다. 빛이 등장하는 곳에 어둠은 물러가지만, 워낙 거센 어둠과 정적이라서 나의 외딴 방은 오히려 어둠 속으로 빨려들고 만다 — 마치 대양(大洋)에 던져진 돌멩이에게서 일구어진 잔 여울이 아무런 변화도 일으키지 못한 채 파도 속으로 삼켜지고 사라지듯이. 나는 혼자서 이 어둠과 싸워야 한다. 아니, 나는 차라리 이 어둠과 가까워져서 그 그윽한 옷자락에 곱게 파묻혀 안식해야 한다. 나는 이 어둠과 함께 망년회의 축제를 열 것이다.

날더러 망년회를 갖자고 오라는 사람도 가라는 사람도 없지만, 그리고 그러한 망년회를 함께 갖자고 청해볼 사람도 없지만, 나는 이런 사람들로 더불어 애타할 필요는 없다. 그러나 오늘밤엔 오래 전부터 서신왕래를 끊은 사람들을 수첩에서 지워야겠다. 오늘 축제를 열면서 그들의 이름을 불러보고 또 작별인사를 해야겠다. 나는 오늘 밤 한해의 마지막 날이 미끄러져 가는 순간을 지켜볼 것이고 또한 옛 시간과 새시간 사이에 놓여 있는 그 묘한 순간이 어떤 모습을 하고 있는 지 응시해 보아야 할 것이다.

하기야 망년회라는 것은 끊임없는 시간의 흐름을 인간이 그러한 한 순간을 도려내어 망년이라고 포착한 것에 불과한 것이다. 그러나 그럼에도 불구하고 우리로 하여금 시간의 흐름을 깨닫게 하는 망년회야말로 예사로운 날이 아니다. 우리는 모두 시간의 아들이고 시간의 지배영역 속에 있다. 우리는 어떤 특정한 순간에 지상에 던져졌고 또 그런 순간에 지상을 떠나게 될 것이다. 우린 그토록 시간의 신비와 지배 속에 놓여 있지만 그렇게 섭리

된 비밀은 알려지지 않고 형이상학의 베일 속에 가려져 있다. 그 같은 시간에 의해 보내진 자식들이기에 공동적 운명을 나누어 갖게 된 우리로선 오늘 망년회를 맞아 축제를 열어야 하지 않을까? 그러나 나는 이 거대하고 무정한 시간 앞에 혼자 맞서 있다.

고국에 머물렀던 작년에도 나는 영락없이 혼자 망년을 지켜야 했다. 나의 벗이며 또래들은 모두 도시로 떠나고 망년회라고 해서 어디 시골로 돌아오기는 만무했던 것이다. 아니, 도시에 정착하여 새로운 망년회 식구를 맞이했겠지. 그때 망년회가 시작되는 저녁에 내 여동생은 저녁식사도 팽개치고는 공작새 날개같이 치마를 펄럭이며, 걷어찬 대문을 닫을 생각도 잊고 그녀의 벗들에게로 달려갔었지. 그러나 지금은 나의 여동생도 도시로 나갔기에 오늘 같은 망년회에 고향으로 돌아왔을지 알 수 없다.

나는 부모님께 망년회 겸 새해인사를 위해 전화를 걸었다. 그러나 고국엔 아직 낮이라서 그런지 부모님이 집에 안 계신다. 그렇지만 네 살짜리 꼬마 조카 녀석이 전화를 받으며 "삼촌, 거기 어딘데?"라고 퍽 골똘히 묻는다. 대답도 옳게 못한 채 나의 눈시울이 핑 돌고 말았다. 그 깜찍하게 묻는 조카 녀석의 귀여움은 고향에 대한 그리움을 더욱 증폭시키고 말았지만 또한 향수를 달래기도 했다. 도대체 이 이국땅에서 홀로 망년회를 맞아야 하는 까닭은 무엇이며 왜 이토록 나의 자화상은 험상궂은 모습을 하고 있을까? 어둠이 익어가면서 자정은 가까워져 온다.

나는 그러나 팔소매를 걷어 올리고 책상을 치고는 벌떡 일어서서 복도로 나가 불을 하나씩 켰다. 저녁이 되어 어둠이 점차 묻어오기 시작할 땐 혹시 도깨비라도 나타나 긴 복도를 따라 줄행랑을 칠까봐 불을 켜지 않았지만 이젠 누구나 와도 좋다. 뿔이 달린 도깨비가 나타나 금방망이와 은방망이를 번갈아 두들기면 얼마나 신기할 것이며 도깨비춤이라도 함께 춰 시간과 공간의 장벽을 두들겨 부수면 이 또한 얼마나 기가 막힐 일인가. 옛날에 종합병원이었던 이 기숙사의 지하엔 아직 시체실의 흔적마저도 남아있어 먼지를 뒤집어 쓴 귀신이 나타나도 상관없다.

나는 넓적한 유리창으로 둘러싼 주방으로 가서 포도주며 푸짐한 음식으로 상을 차려 단단한 축제준비를 시작하는 것이다. 열두 평이나 되는 주방에 평상시엔 왁자지껄하던 동료들이 흔적만 남겨놓은 채 사라져 버렸고 지금은 고스란히 침묵만 깔려있다. 잠시 불을 끄고 창밖을 내다보면 넓은 정원이며 달빛에 노출된 나뭇가지, 육중한 기숙사의 본관건물, 도시의 지붕이며 하늘을 찌른 교회의 종탑, 그리고 이 지붕들 너머로 아늑한 하늘과 별들이 한눈에 들어온다. 아직 마른 잎을 달고 있는 너도밤나무의 가지가 악수를 건네기라도 하듯이 주방의 창문에까지 드리우고 있지 않는가! 그래, 나와 대화를 나누고 축제에 참여할 벗은 따로 있구나.

나는 아껴놓았던 모젤산(産) 포도주를 큼직한 두 잔에 가득 붓고서는 창문을 열었다. 차가운 겨울바람과 밤의 정적을 뚫고 저 별들은 빛나고 있다. 온갖 비밀과 신화로 하늘을 수놓은 저 별들은 꽃신을 신고 이리로 올 것만 같구나. 그래 나의 축제에 참여하고 나와 대화를 나눌 벗은 따로 있구나. 살아있을 뿐만 아니라, 신비의 힘과 생명을 부여하고 무한한 수수께끼의 메시지를 방사하는 저 별들은 반 고흐(van Gogh)의 별들이다.

1888년 9월에 그린 <별이 빛나는 밤>에서의 별들은 진한 노란색과 그린색을 띄고 있고—늘 고흐가 신비로운 색채에 매료되었듯이— 신비로운 광채를 발하고 있다. 신비한 힘과 메시지를 머금고 있는 고흐의 별들은 지상에 가까이 쏟아내려 앉아 있으며 물속에도 모습을 드러내고는 고독한 자들에게 강력한 벗이 된다. 어린 별들마저 황홀한 색깔로 발광하고 있다. <아를의 포럼광장

에 있는 카페 테라스>에도 찐한 노란색의 옷을 입은 별들은 영롱하게 빛나고, 너무나 신비한 색깔을 띠고서 테라스가 있는 골목 위에 다정하게 내려앉아 있다. 여기 가난하고 외로운, 갈 데 없어 밤을 불태우는 사람들은 그러나 별들과 함께 저 테라스를 천국의 한 모퉁이로 만들고 있다.

고흐의 <별이 빛나는 밤>.
별들은 어둠과 조화하며 영롱하게 빛나면서
신비스런 메시지를 전한다.
별이 발광하는 광휘는 고흐에게서
'영원' 으로 표현되었다.
"천상에서나 볼 수 있을 듯한 푸른색과 노란색의
조합은 얼마나 부드럽고 매혹적인지."
(빈센트 반 고흐: 『영혼의 편지』에서)

고흐는 스스로 자신이 "광명의 마력에 홀린 것 같다"고까지 했다. 이러한 흔적은 그의 <실편백나무가 있는, 별이 반짝이는 밤>에도 잘 드러난다. 이 그림엔 엄청나게 큰 두 별이 신비로운 동심원을 그리며 마치 이 그림을 보는 사람을 별의 세계로 끌어올리려고 한다. 한편으론 신비로운 별빛을 인간에게 방사하고, 다른 한편으론 자기 동심원의 회오리 속으로 인간을 끌어들이는 것이다. 혹시 큰 별은 고흐 자신의 화신이고, 또 다른 약간 뒤에 있는 별은 이 세상에서 유일하게 그를 지원하고 이해했던 동생 테오의 별일까. 그렇지 않으면 이 신비롭고 초지상적인 암호를 발광하는 별들은 무슨 다른 특별한 메시지를 담고 있는가.

이 별들은 그러나 어쨌든 이루 말할 수 없이 고독했던, 사람들로부터 철저하게 외면당하고 정신병자의 취급을 받았던 천재화가의 별임에는 틀림없다. 그렇지만 이 별들은 그의 처참한 생활세계를 압도하고 극복하게 하는, 그래서 그침 없이 신비한 마력을 쏟아 붓고 고독을 잠재우는 별이기도 하다. 당시의 사람들은 그러나 이러한 암호와도 같은 고흐의 별을 이해하지 못했다. 그의 800점 이상이나 되는 유화는 단 한 점(<붉은 포도밭>)만 브뤼셀에서 안나 보흐라는 사람에게 팔렸던 것이다.

고흐의 별은 또한 우리의 철학자와 시인들과도 만난다. 별들은 그러면서도 또 다른 우주적인 중량을 갖고서 나타난다. 저 별들을 본다고 철인 탈레스는 시궁창에 빠지기도 했었지. 그리고 딱딱하고 차가운 '이성'의 울타리를 넘어 숭고하고 신비로운 별을 노래하는 유언을 남기고 칸트는 지상을 떠나지 않았던가. 각자는 또한 각자의 별을 갖고 있다는 플라톤의 우주론은 얼마나 신비로운가! 제우스의 궁전으로 향하는 길목에 뿌려진 꽃가루 같은 은하수며 가끔씩 상대를 마주 보고 연정을 품는 견우와 직녀, 인간과 세계의 운명에 동참하고 신선들의 방문을 받는 고구려 고분벽화에서의 별들(북두칠성과 남두육성, 기타 행성과 항성들)도 자신들의 생생한 모습을 지상으로 드러내어 보이고 있다. 지난 고교시절 국어교과서에 씌어졌던 알퐁스 도테의 『별』도 저기 깜

박거리고 있고, 고독한 항해를 거듭하는 『어린 왕자』의 별이며, 「별 헤는 밤」의 시인 윤동주도 지금은 저 하늘에 어느 별이 되어서 우리를 헤아리고 있겠지.

오, 나는 이 별들과 축배를 들지 않을 수 없다. 건배! 나의 잔을 받으렴, 신비스런 벗들이여. 나는 두 포도주잔을 하늘로 향해 들었다. 나는 오늘 주신 디오니소스로 변하는 것이다. 벗들이여 나의 인사를!

그때 마침 자정이 되어 고요하던 이 도시의 하늘로 폭죽이 쏘아 올려지고 있다. 나의 고독은 어느새 저 폭죽처럼 터져서 하늘로 솟고, 불꽃이 터져 아름다운 광채를 내며 사방으로 흩어질 때에는 고독에서 변화한 아롱다롱한 기쁨이 여러 무늬를 내며 하늘을 수놓고 있다. 나의 넋은 내 조그만 고독의 감방에서 나와 폭죽의 광채를 뚫고 은은한 에테르에 실려 별이 있는 저 은하의 세계로 가고 있다. 나는 이윽고 성스러운 별들의 위압감에 사로잡혀 숨을 죽인다. 일상성과 자질구레한 것에 얽매어 사는 것이 퍽이나 부끄럽게 여겨질 따름이다. 감방 같은 나의 세상에 갇혀 바둥거리는 모습이 다 들통 나고 만다.

성스런 별들은 그러나 성스런 하늘의 정원을 꾸미고 있다. 별도 하늘도 초월을 자신 속에 품고 있기에 자연적이면서도 초자연적인 것이다. 하늘이 초-하늘이 되고 자연이 동시에 초자연인 것은 결코 어떤 시적(詩的)이고 신화적인 표현이 아니다. 그것은 무엇보다도 아무도(그 어떤 천문학도) 하늘의 높이를 잴 수 없고, 아무도 자연의 신비를 캐낼 수 없기 때문이다. 누가 우주의 끝을 목격하는가. 우주는 동시에 초우주인 것이다. 이리하여 우주전체는 살아있는 코스모스로서 가장 실재적이고 초월적이며, 동시에 거룩한 유기체이다. 그러기에 그것은 자연과 존재와 거룩함의 양상을 고스란히 동시에 계시한다: 자연의 계시(비밀스런 자연의

드러남: Physiophanie), 존재의 계시(Ontophanie) 그리고 성현(성스러움의 드러남: Hierophanie)! 이거야말로 하늘과 별이 들려주는 협화음이고 은하의 세계가 베푸는 성스런 축제인 것이다.

만약 외로운 나그네가 별을 목격하면, 목격된 그 별은 외롭게 보일 것이다. 또한 고독한 사람이 목격하면 목격된 그 별은 고독한 빛을 발산할 것이다. 그러나 고독과 외로움이 영화로운 향연으로 승화된다면, 별은 또한 고독과 외로움을 잠재우며 영화롭고 성스러운 향연을 베풀어주는 벗이 된다. 인간은 고독한 존재이다. 그러나 고독은 고통과 아픔과 외로움만으로 이해되어서는 안 된다. 그것은 인간이 그러한 고독을 영화롭고 숭고한 고독으로, 환희로 승화시킬 수 있기 때문이다.

어떻게 그러한 고독이 있을 수 있느냐고 반문할 수도 있겠지만, 그러나 그러한 고독은 결코 연금술사의 마법에 의해 생산되는 것은 아니다. 그것은 마치 어둠 가운데서 내일의 태양이 솟아나는 일이 진행되듯 고독 가운데서 인생의 깊고 높은 차원을 들여다보는 시각이 마련되는 것과도 같다. 그대가 고독의 나락으로 떨어질 때, 세상 사람들로부터 예외자나 왕따로 몰린다거나 다른 사람들에 의해 그대의 존재의미가 탐탁하게 받아들여질 때, 그대의 애착과 애걸이 더 이상 받아들여지지 않을 때, 그대가 더 이상 벗할 때가 없을 때, 그대는 상처받은 사람들로부터 시선을 돌려 다른 데로 응시해야 한다.

자연으로, 외계로, 신선한 색채를 띈 채 정직하게 서 있는 나무들에게로, 밤하늘과 한없이 윙크하는 하늘의 별이며 우즈로 방향을 돌리면, 그대는 이들로부터 결코 실망 당하지 않을 것이며, 여태껏 못 보았던 세계를 발견할 수 있을 것이다. 고독한 자의 시선은 결코 단순한 피상적인 것을 목격하지 않을 것이기 때문이다. 그렇다면 이를테면 괴테의 베르테르가 작은 풀벌레에서 신의 섭리를 느낀 것처럼 그대도 지극히 작은 미물에서부터 코스모스의 총체에 이르기까지 그 유기체적이고 살아 생동하는, 그래서 고독한 그대에게 말을 걸어오는 벗을 찾을 수 있을 것이다. 그렇다면 발길에 차이는 냇가의 조약돌 하나도, 혹은 아무도 목격하지 못한 채 살짝 피었다가 지는 산 속의 이름 없는 꽃이나 아무도 그 존재의미를 부여하지 않는 잡초도 이유 없이 존재하지 않을 뿐만 아니라(아리스토텔레스와 스토아학파), 이들 또한 코스모스의 가족이고 똑 같은 우주적 중량으로서 불가해한 권리로 존재함을 목격할 것이다. 어찌 이들이 그대의 벗이 되지 않을까! 우리가 위에서 밤하늘과 밤하늘의 별들에 대해 숱한 얘기를 쏟은 것도 자연의 내밀한 모습과 살아 생동하여 대화하는 벗임을 목격했기 때문이다.

만약 그대가 고독하여 “홀로 울 수 있는 벌판이 있을까”(최영미)하고 절규한다면, 그러한 벌판은 고독한 그대에게 위안과 벗으로 다가올 것이다. 유기체인 벌판은 고독한 그대와 비슷한 모습을 하고서 저러한 절규를 들을 수 있기 때문이고 병든 자를 치유하는 능력도 갖고 있기 때문이다.

한없이 넓고 인적이 없는 벌판, 외톨이인 그대가 더없이 내동댕이쳐지고 작은 미물로 내몰리는 공간, 어두컴컴한 분위기에 천둥과 비를 금방 쏟아 내릴 듯이 잔뜩 찌푸린 하늘, 평범한 사람이라면 혼비백산하여 도망칠 그러한 장소에서 길을 걸어보아라. 고독한 그대는 그러나 이러한 공간에서 안도의 큰 위안을 얻을 것이다. 그것은 그러한 공간이 그대와 같은 고독한 모습을 하고 있는 벗일 것이고, 그대에게 자장가를 들려줄 만한 생명력을 갖고 있으며, 그대의 고독을 이해하고 품어줄 수 있기 때문이다. 그러한 공간에서 절규를 해보고 소리 지르며 말을 걸어보아라, 혹은 울거나 노래를 불러보아라. 진실로 인간들에게서 얻을 수 없는 것을(고독한 상태에 처박히면 대개 그러한 상태일 것이다) 자연은 어루만져주고 치료해준다. 외계와 자연과의 조우에서 고독은 승화될 수 있으며 그러한 고독을 수행한 그대는 인생의 더 높은 차원으로 고양될 것이다.

고독한 자여,
이 암울하고 가없는 벌판에서 걸어보아라,
그리고 절규해보아라.

라인아우에(Rheinaue) 공원의 겨울

자연의 리듬

릴케의 「가을날」처럼 지난여름도 훌륭했고 가을은 더욱 훌륭했다. 황금단풍이 세상을 덮었는데 멀리서 모닥불 피어오르고, 거기서 아이들의 노니는 소리는 얼마나 황홀감에 젖게 하며 또 잃어버린 어린 시절을 되찾아 주는가! 불타는 단풍에 아이들의 모닥불이 가세하여 라인아우에의 가을은 아름다움에 가득 취했다. 얼마 안 있어 겨울이 오고 바람은 또 저 단풍을 앗아가겠지만 지금 이 감격을 마다할 필요는 없다. 황금단풍이 절정에 이르면 그러나 자연은 자신의 얼굴모습을 바꾼다. 모든 절정에는 영속보다는 변화와 무상이 담겨져 있는 모양이다. 그러나 우리는 겨울을 탓할 필요가 없다. 그가 단풍을 앗아가고 찬바람을 일으키며 만물의 활동을 정지시키는 것은 단순한 심술이 아닌 것이다. 그러기에 풍요의 계절들이 지나가면 겨울 또한 그런대로 독특한 풍요로서 라인아우에를 덮고 있는 것이다. 겨울은 다른 계절들과 그들의 풍요에 대한 그림자일 수만은 없고 나름대로 안겨주는 풍요와 비밀이 있는데, 이 비밀은 또 맹위를 떨칠 수 있기 때문이다.

공원 가운데의 호수

하기야 가을의 황금물결이 스쳐간 자리엔 싸늘한 바람이 오가고 눈이 내리며 말라붙은 가지와 잿빛의 대지는 그 황량함을 적나라하게 보여준다. 우리는 바스락거리는 낙엽을 밟으며 지나간 풍요의 계절을 뒤쫓을 수도 있지만 이 황량하고 적나라하며 벌거벗은 겨울을, 고요하게 잠자고 명상하는 겨울을 노래하고 뒤따르며 그 속에서 방랑하고 또 명상할 것이다. 이런 겨울은 곧 '어머니 대지'의 모습이고 또 그녀가 필요로 한 것이기 때문이다.

겨울이 오기까지 라인아우에는 얼마나 시끌벅적한가! 핏기 없는 눈망울로 싸늘한 대지 위에서 낙엽더미만 뒤척이던 검은 지빠귀의 거동이 봄이 되자마자 달라지고 그 지저귐 또한 쾌청하게 하늘을 진동한다. 라인아우에를 등지고 겨울잠을 자던 도시의 사람들 또한 봄이 오자마자 자전거를 타고 라인강변을 따라 이곳으로 쇄도하며 봄바람을 일으킨다. 난들 어찌 가만있겠던가! 봄이 오는 소리를 들어보려고 얼마나 일찍부터 들쭉날쭉 했던가. 또 갖가지 플리더(Flieder 라일락의 종류)가 피면 그 진한 향기에 파묻혀 보려고 얼마나 이쪽으로 도망쳐 왔던가.

라인아우에는 트라클이 그의 시(詩) 「미라벨공원의 음악」에서처럼 특별히 음악을 들려주지는 않는다. 그러나 조금만 귀를 기울이면 자연이 내뿜는 생음악을 그대로 들을 수 있으리라. 아이들이며 젊은이들, 연인들이며 노인들까지도 대지와 호수와 잔디밭이며 광장을, 놀이터와 정원과 오솔길들을 부지런히 쓰셔댄다. 그리하여 라인아우에는 활기로 넘치고 자신의 품안에 찾아온 손님들에게도 생기를 제공한다. 아이들은 연날리기하고, 또 물장난에다 오리와 백조에게 농을 걸며, 젊은이들은 잔디밭 위에서 공놀이하고, 연인들은 오솔길을 오가며, 늙은이들은 조용히 산보한다. 모두들 움직이는 그림들이고 모두들 환상을 현실로 바꾸는 마술사들이다. 불고기를 만들어 파티를 여는 사람이 있는가 하면 햇빛이 쏟아질 때 사람들은 고마운 헬리오스(태양의 신) 앞에 그들의 몸을 드러내고 호숫가 언덕에 진을 치며 일광욕을 즐긴다.

라인아우에와 사람들, 나무들과 잔디, 오리들과 호수, 하늘과 바람이 모두 싱그러운 생명을 가꾸고 있다. 모두들 얼마나 우주를 풍요롭게 하는 식구들인가!

늦은 봄부터 겨울이 오기까지는 이 거대한 공원에 벼룩시장이 열린다. 골동품이며 작고 큰 여러 질의 물건들을 갖고 나와 사고팔며 구경하는 사람들로 구름떼를 이루는데 퍽이나 소박하고 아름다운 풍경을 그린다. 사람들은 벼룩시장이라는 특별한 날을 통하여 오히려 휴가를 즐기고 사람들을 만나며 떠돌고 놀면서 하루를 보낸다. 퍽이나 소박하고 자연스런 벼룩시장을 통해 오래

전 인류들이 열었던 시장이 이와 비슷하지 않았을까 하는 느낌이다. 사람들도 그런 시원적인 향수를 찾는지도 모른다. 오늘날처럼 철두철미하게 조직화되고 영리추구만을 위주로 하지 않는 시장이 어디 있단 말인가. 그러나 벼룩시장은 이런 현대의 시장과는 전혀 다르게 아늑한 상고시대부터 있었을 법한 그런 향수를 일깨워준다. 사람들은 노닐면서 취향에 맞는 물건들을 값싸게 사고는 흥겨운 모습으로 귀가한다.

한낮에 오가던 수많은 발걸음은 밤이 오면 재빨리 거짓말처럼 자취를 감추고, 이윽고 밤의 고요가 덮친다. 그토록 시끌벅적한 낮의 흔적을 등지고 대지 위를 걷다가 하늘을 보면 별들은 또 그토록 총총하여 곧 대지 위로 떨어질 것만 같다. 그러나 어머니의 넓은 품 같기도 한 라인아우에는 그 별들을 다 품을 것 같기도 하다. 별을 보며 라인아우에를 쏘다녀도 철인 탈레스처럼 시궁창에 빠질 염려는 없다. 라인아우에는 그런 야속한 장소를 갖고 있지 않을 뿐만 아니라 별이 떨어져도 깨어지지 않을 폭삭한 잔디를 갖고 있다. 라인아우에야 말로 시인들이 그토록 읊었던 '어머니 대지'로서 수많은 사람들을 자신의 품에 안고 한 해를 보낸다. 사계절이 바뀔 때마다 그에 맞춰 옷을 갈아입고, 비 올 때며 눈 내릴 때에도, 천둥칠 때며 안개로 덮일 때도, 차갑고 바람 부는 날에도 대지의 방랑하는 자식들을 품에 안는다.

언젠가 라인아우에를 거닐다가 소낙비를 만났다. 아주 세차게 몰아치는 소나기였다. 천둥과 번개가 대지를 흔들고 주위는 곧 이어 어둡게 되었다. 사람들은 황급히 도피처를 찾느라 헤맨다. 처음엔 나도 그랬다. 그러나 이내 소낙비를 맞으며 길을 걷는 것이 오히려 편안하게 느껴졌고 소낙비 소리와 바람소리며 천둥과 번개는 곧 고독한 산보자의 노래 같기도 했다. 이는 성스러운 자연이 만든 음악으로서 아무도 흉내를 낼 수 없을 것이다. 바람과 나무들은 환희에 날뛰고 있다. 라인아우에는 이처럼 마법을 걸어 소나기도 천둥과 번개도 한 식구로 만들어 버린다.

새까만 먹구름이 엄청난 중압감으로 천지를 덮을 때도 이와 비슷한 현상이 일어날 수 있다. 어떤 의도를 가진 듯한 먹그름의 위력 앞에서 인간은 불안과 두려움에 사로잡히게 되어, 어쨌든 재빨리 이러한 구름과의 마주침을 피하려고 집으로 도망친다. 물론 누구나 처음엔 성난 먹구름 앞에서 위압감에 사로잡힌다. 그렇지만 이와는 반대로 더 이상 자연의 운동을 두려워하지 않는 나그네는, 더 나아가 더 이상 저 인간세상 쪽으로부터 위로를 받을 수 없는 고독한 산보자는 두려워하기는커녕 오히려 길벗이 된다.

그는 먹구름이 장엄한 활동을 벌이는 공간 속으로 들어가고, 그 곳에서 안온함을 느끼며 숨이 막힐 듯이 보이는 시공 속에서 평화의 호흡을 한다. 그는 새까만 구름색깔의 마력에 이끌리지 않을 수 없다. 어지럽고 불순한 인간세상을 향해 무시무시한 위력으로 천지를 뒤덮는 구름의 메시지를 읽을 땐 오히려 고마워지기까지 할 따름이다. 표현주의 화가 마네는 새까만, 엄청나게 위압감을 시사하는 먹구름으로 <항구>를 그렸고, 고흐도 색채의 신비를, 그리고 이러한 색채가 무언의 말을 우리에게 하도록 그렸다. 그러한 색채의 신비를 읽지 못하면, 우리는 아마도 저들의 그림을 이해하지 못할 것이다.

뢰스라트의 어느 초원에서.
한낮에 찾아온 어둠은 인간을 불안하게 하지만,
그러나 고독한 나그네에겐 위안이 될 수도 ….

라인아우에는 그러나 때때로 우리더러 출입금지라도 시키는 듯이 안개로 장막을 친다. 그러나 나 같은 별난 놈들은 이 울타리를 헐고 잠입하기를 좋아한다. 그것은 고독한 산보자가 몽상을 즐기고 자기 자신과 숨바꼭질을 하기에 퍽 적합하기 때문이다. 그래서 고독한 산보자는 자신의 넋두리를 안개 속에다 이러쿵저러쿵 뱉어 놓는다.

라인아우에의 안개

안개에 쌓인 라인아우에에서
내 헐벗은 삶의 의미를 달래기 위해
말란 잔디와 낙엽더미를 헤쳐보았다.
차갑고 축축한 대지 위엔 지빠귀 한 마리가
방향을 잃고 하염없이 졸고 있다.

잔잔한 바람은 나뭇가지를 울리나,
삶의 의미는 들려오지 않고
때때로 내 작은 절규는
안개 속에 파묻혀만 간다.
삶을 향한 에너진 다 떨어졌는지 ……

허무의 공간은 하늘보다 넓어,
그 위력 앞에 쪼그려 앉은 이
추위에 떨고 있는 지빠귀 같이
한 없이 한 없이 전율할 따름.
두꺼운 안개를 뚫고 나가면 또 두꺼운 안개.

안개는 그러나 세상의 온갖 색깔을 다 지우고 그 지워진 세상을 자신만으로 채운다. 세상은 이제 안개로 닫혀지고 잠겨졌다, 마치 고독한 산보자가 외부세계를 닫고 자신 속에 거하는 것처럼. 그러기에 안개는 고독한 산보자의 자화상이다. 안개를 가득 끌어안은 라인아우에는 이처럼 고독한 산보자를 끌어안는다.

늦가을에서 긴 겨울이 이어질 때 도시의 사람들은 아무런 인사도 없이 라인아우에와 결별을 한 듯 자기들의 집에 처박혀 살지만, 라인아우에는 그러나 곱게 겨울을 키워 나간다. 불붙는 단풍들의 빛이 서서히 변해가면서 사람들의 정열 또한 식어져 간다면, 시들고 떨어지는 것이야말로 바로 결실과 풍요에게 붙어 있는 그림자임에 틀림없다. 우리는 이 그림자를 따로 떼어낼 수 없고 지울 수 없다. 우리는 풍요와 결실로 축제를 열고 추수감사제를 지낼 때 그 풍요와 결실의 뒷면에 붙어 있는 그림자에게도 갈채를 보내야 한다.

이는 풍요와 결실이 어느 날 갑자기 일어나는 것이 아니라 바람과 비와 눈이며 천둥번개를 거쳐 차갑고 앙상한 겨울의 세례를 받아야 하기 때문이다. 그러니까 결실과 시듦이며 여름과 겨울, 오는 것과 가는 것, 썰물과 밀물은 다 똑같은 우주적 중량을 가지면서 순환의 법칙에 따르고 있다. 싸늘한 가을바람이 낙엽을 대지에 흩뿌리면 봄은 또 새로운 잎으로 숲을 덮는다. 그러나 떨어진 잎더러 영화를 잃었다고 말할 필요는 없는 것이다. 그들도 똑 같이 '어머니 대지'의 아름다운 자식들로서 이제 그녀의 품으로 돌아가는 것이기 때문이다.

영원한 생성과 소멸의 거듭함이며 쉬임없이 오고 가는 운동은 곧 순환의 윤무! 끊임없는 생성소멸은 그러나 다름 아닌 존재의 순환운동. 그러기에 순환하는 생성소멸은 존재와 반대현상이 아니라 오히려 존재자신의 운동인 것이다. 순환하고 있다는 것은 이미 존재의 심장을 자신 속에 갖고 있는 것! 그러나 생성과 소멸의 소용돌이에 떠내려가지 않는 것이 있나니, 이는 곧 우리의 해님과 같은 존재자들이어라.

태양처럼 우리의 라인아우에도 많은 것들을 품고 보호하며 기르고 또 생성소멸하게 하지만 자신은 이들의 피안에서 의젓하게 존재하고 있을 따름이어라. 이런 방식으로 라인아우에는 사계절을 뒹굴게 하고 또 우리들을 반기며 작별한다. 많은 존재자들과 계절들이 왔다 가고 떠들다가 사라진다. 라인아우에는 그들을 품고 보내지만 자신은 늘 거기에 있는 것. 그럼에도 불구하고 라인아우에는 도깨비같이 왔다가 바람처럼 또 자신의 품에서 빠져나가는 존재자들이 있기에 자신도 존재의미를 갖는다.

이내 겨울이 올 것이다. 자연은 가을에게 그토록 오랫동안 풍요의 서사시를 읊도록 하지 않는다. 단풍은 그 자신이 황금색이지만 동시에 또한 여름의 녹색이 겨울의 회색으로 옮아가는 도중에 놓인 징검다리인 것이다. 만물은 다 겨울이 오는 낌새를 잘 알아차리고 월동준비에 들어간다. 싸늘한 늦가을 바람이 대지 위를 스치면 물버들 잎은 파르르 떨리고 나그네는 그 소리를 들으며 스쳐지나 갈 따름. 라인아우에의 오리들조차도 찬바람을 막으며 스스로 털을 부풀리고 볕바른 곳에 움츠리곤 졸고 있으며, 간혹 한쪽 발을 들어 자신의 털 속에 감춘다.

겨울은 그리도 냉정하고 잔인한가? 아니다. 겨울은 고요와 안식을 제공하고 따뜻한 열기를 그립게 해준다. 우리는 겨울을 빠뜨리고서 사계절의 존재를 말할 수 없다. 동서남북의 한 방향을 뗄 수 없듯이 겨울은 다른 계절과 짝을 이루고 조화를 이루어 자신의 존재를 동시에 타자들의 존재근원에로의 연결고리로 잇고 있다. 그러기에 라인아우에는 엄연히 겨울을 자기존재의 품으로 맞아들인다. 차갑고 말라비틀어진 것들의 합창과 찬바람이며 앙상한 가지들의 울음과 안개는 겨울을 풍요롭게 한다.

그리고 그런 겨울은 곧 우주의 시계바늘이고 자연의 꽃이며 고독한 산보자의 자장가이고 '어머니 대지'의 품으로 귀향하는 자들에게 침묵과 휴식이어라. 세상에는 풍요의 빛깔을 내지 못하는 피조물들이 있고, 앙상한 겨울을 풍요의 가을과 같이 혹은 녹색의 여름과 회색의 겨울을 구분치 않는 색맹처럼, 그들을 똑 같은 아름다움의 지평 위에 두는 예외자가 있기 때문이다. 비바람이 몰아칠 때도, 태풍과 천둥번개가 어르렁거릴 때도, 싸늘한 겨울이 냉소를 지을 때도 당당하게 맞서서 그들을 환영해야 하리라. 그것은 고독한 산보자가 그의 산책로에서 중얼거리는 노래일 따름이어라.

라인아우에의 겨울

니체에게

저쪽 드라헨펠스(Drachenfels : 용바위)와 하늘사이에서
침울한 시선이 내렸을 때,
라인아우에의 숨결은 가라앉았다.
가지 끝에선 쌀쌀한 바람이 조소를 하고
바닥에선 떨어진 낙엽들이 한없이
본향을 그리며 된 호흡을 하고 있다.

풍요했던 계절에 인생을 노래하던 이들 어디로 갔는가?
폭신한 잔디 위에서 뒹굴던 인간들,
숲 속에서 숨바꼭질하던 인간들,
디오니소스에게서 술을 받아 마셨던 인간들은 ?
그래서 절규하며 인생을 재판했었지!

때로는 망치를 들고 때로는 현악기를 켜고!

왜 그들은 지금 노래하지 못하고 발이 묶였는가?
왜 그들은 운명의 여신이 건 마법에 사로 잡혔나?
눈가루는 라인아우에를 휩쓸고
찬바람은 사방에서 가지 끝을 울린다.
오리들은 털을 부풀려 추위에 떨고 있는데
야비한 인간들, 너희들은 왜 거기에 없느냐?

곤돌라는 쇠고랑에 차여있다.
그 위에서 인생을 말하던 이 어디에 있느냐?
현악기의 가락으로 인생의 허무를 연주했던 이들!
그러나 그로서 인생의 고뇌는 달래어지지 않았다.
술과 곤돌라와 현악기로 짜낸 허무주의-멜로디에
우리는 멀미만 앓고 있을 따름.

바로 지금 겨울이 찬 웃음을 내리는 때에,
얼어붙은 대지 위에 지빠귀가 졸고 있는 곳에
와서 노래를 불러라.
그러면 앙상한 가지가 현악기 되어 장단 맞추리.
그러면 배일 뒤쪽에서 고뇌의 참모습이 다가오리니.

인간들이 도망 가버린 공허한 터에서
찬바람이 머리를 뒤흔들고
칠흑의 어둠이 너를 잡아갈 때,
부서진 곤돌라 위에서 너 자신을 보아라.
그러면 저 존재의 심층에서 고뇌의 흔적이 드러나리니.

"운명을 사랑해야지"(amor fati),
운명의 여신이 쳐놓은 덫에 걸렸다면.
그러나 거기에 있어라,
그녀가 운명의 실타래를 뽑는 곳에.
거기에 맞서라, 운명의 여신 클로토가 물레틀 돌리는 곳에.
그녀가 올가미를 치고 돌팔매를 던질 때에도,
초인처럼 거기에 맞서 있어라.

하이데호프의 초원

성스러운 '어머니 대지'

가을날, 금빛으로 타오르는 숲과 인위적으로 드러내어 볼 수 없는 오묘한 색깔의 단풍이 수놓은 쿠어파크(공원)를 지나 하이데호프(Heidehof)로 가는 길은 너무나 아름답다. 입체적이고 자연적인 요건을 잘 갖춘 이 공원을 이리저리 쏘다니다 보면 저쪽 동산으로 안내하는 멋진 육교를 발견하게 되지만, 이 길은 잔디와 단풍든 나무들로 아름답게 단장된 산책길이기에 사람들은 자연스레

하이데호프로 가는 별천지 같은 오솔길

그 쪽으로 홀려 들어가게 된다. 아치형의 이 긴 육교를 지나서 동산의 허리로 가면 곧 별천지 같은 오솔길이 나타난다.

가을날 쿠어파크의 산책로.
나그네는 사색에 잠기지 않을 수 없다.

그토록 아름다운 단풍잎들은 이 오솔길 위에 내려앉아 서로 무언의 대화를 나누고 있는 것이다. 그 어떤 인위적 색깔로도 흉내낼 수 없는 단풍잎들은 퍽이나 아름다운 영혼을 가진 피조물인양 자신들의 존재가치를 무언의 암호로서 고독한 산보자, 곧 유랑의 아들에게 알린다. 나는 자기장(磁氣場)에라도 걸린 듯 이리저리 서성이면서 그 암호를 캐내어 보려고 억지를 써본다. 그러나 바스락거리는 소리에 심취해 몇 발자국을 옮기다가 이 피조물들 위에 퍼져 눕고 싶은 충동을 느낀다. 누워서 이 피조물들이 속삭이는 영혼의 소리를 들어보고 또 하늘을 보기로 하자. 그런데 나는 눈을 지그시 감은 채 마치 은하의 거리에서 산보라도 하고 있는 양 착각 속에 빠져든다. 아름다움이 펼치는 영원 속에서, 그 아름다움이 깔아놓은 양탄자 위에서 거하고 싶은 이 인간의 욕망을 어찌 감추랴! 미(美)의 이데아를 한 웅큼씩 나눠 담아 그 위력을 발하고 있는 이 단풍잎들의 가운데에서 나는 그저 말문을 열지 못한다. 비몽사몽 속에서 숨바꼭질을 하고 있는데 저쪽에서 바스락거리며 누군가 다가오고 있다. 혹시 숲 속을 거니는 여신 아르테미스(Artemis)와 디아나(Diana)는 아닌지 하고 무모한 몽상에 색칠을 하면서 억지 꿈을 만들고는 중얼거리다가 그 발자국 소리가 조금씩 더 세어지자 나는 바보 같은 내 태도에 피식 웃고는 벌떡 일어났다. 자연과 나눈 이 괴이한 관계는 멈추었지만, 아름다움이 지배한 순간을 아픔으로 간직한 채 나는 발걸음을 옮긴다.

하이데호프로 가는 길목에 자리 잡은 동화 같은 전원마을

자연은 풍요를 발산하나 떠들지도 않고 사치도 모른다. 그러나 본래가 이타적이라서 자신이 입고 있는 옷과 색깔이며 결실을 인간과 다른 피조물에게 선사한다. 인간이 어찌 그 아름다움을 뒤쫓고 경쟁할 것인가. 인간은 풍요하면 흥청거리고 자신을 가늠하지 못하며 요란하다.

저 별천지 같은 오솔길이 끝나는 지점엔 몇몇의 인가가 나타난다. 마을 사람들은 자연에 조화하기 위해 특이한 건축구조로서 예술미와 자연미를 살려 집을 지었고 또 정원들은 너무나 아름답게 다듬어져 있기에 다들 자연 속에 폭 파묻혀 사는 사람들로 보인다.

이 작은 마을이 지나는 곳에는 오래된, 지금은 운영되지 않는 목장이 나타난다. 가을인지라 곡식이 막 거둬졌는지 그루터기가 생생하게 남아있는 밭도 있고, 또 제법 넓은 들판엔 목초지가 무성히 자란 곳도 있다. 그루터기 위를 지나면 어릴 때 내 또래와 뛰놀던 생각도 치밀어 오르지만, 지금은 영락없이 헤세(H. Hesse)의 「들을 건너서」에 나오는 '유랑의 아들'이 된 느낌이다. 생의 한 가운데에서 유랑은 거듭되고 있지만 삶의 의미는 찾을 수 없다. 그러나 그것은 유랑의 아들에게 주어진 타고난 숙명이기도 할 것이다. 헤세의 '유랑의 아들'이 부른 노래를 들어보자:

들을 건너서

하늘 위로 구름은 흘러가고
들판 위론 바람이 스쳐간다,
이 들판 위를 내 어머니의 잃어버린 아들이
서성거리고 있다.

길 위론 낙엽이 흩날리고,
나무 위에선 새들이 우짖는다 –
산 넘어 어딘가 저 멀리에
내 고향이 있을 것이다.

그루터기의 밭이 길과 접한 곳에는 제법 큰 목장을 말해주듯 큰 건물과 작은 오두막이 나타난다. 한 때엔 얼마나 부지런하게 또한 바쁘게 농장의 주인이 일했을 것이며 아이들은 또 얼마나 구석구석을 쫓아다니며 뛰놀았을까. 그러나 지금 폐쇄된 문들을 비집고 안으로 들여다보면 갖가지 잡다한 것과 버려진 것들이 먼지로 쌓여 있다. 그리고 유령이 나올 듯한 적막이 공간을 장악하고 있다. 왜 이토록 한 때 아름다웠을 것으로 보이는 목장이 폐쇄되고 침묵만 흘러가고 있을까. 한 때 이곳에서 가족을 이뤘던 아이들과 농부들은 어디로 갔으며 가축들은 또 어디로 사라졌을까.

이토록 쇠잔해 버린 목장의 참상에 혀를 차며 발걸음을 옮기면 이윽고 하이데호프가 다가온다. 몇몇의 아담한 인가들은 산등에 업혀 있고, 꼬부랑꼬부랑 놓인 골목길과 울타리는 저 인가들을 동화의 마을로 단장해준다. 멀리 라인강은 지렁이처럼 꾸물거리고, 또한 라인강에 접한 곳에는 내가 사는 집도 시선에 들어 올 듯 조그만 좌표공간을 형성하고 있다. 구엇보다 도시가 운데의 동산 위에 우뚝 솟은 고데스부르크(Godesburg)의 성곽은 고풍스럽기만 하다. 그러나 라인강변 쪽으로는 거대한 언덕에 목장이며 과수원과 숲이 서로 아담한 경계선을 이루며 터잡고 있다. 이러한 경계선은 동시에 멋진 오솔길로 다듬어져 특이하고 자연스런 산책로로 거듭 태어난 셈이다. 늦가을의 햇볕이 이 산책로를 쬐고, 그 위로 걷는 이의 그림자는 언덕 밑으로 길게 늘어난다. 그러나 이 정든 산책길을 왔다 갔다 하면 어느새 태양도 그림자도 사라지고 만다.

인간이 거주하는 저쪽 피안과 이쪽 목장이며 하이데호프의 초원, 또한 이 초원을 사정없이 에워싸고 있는 우람한 수풀이며 오솔길들은 코스모스(Kosmos) 속에서 서로 식구가 되어 연결되어 있다. 저쪽 인간의 도시 받-고데스베르크는 차츰 어둠에 묻혀가고 동화의 마을 같은 이쪽 인가에서는 연기가 피어올라 희미해져 가는 황혼녘을 향해 서서히 나아가고 있다. 저녁의 안온함은 온 누리에 가득하고 모든 피조물들은 안식에 들어갈 것이다. 저녁의 안온함과 어둠은 모든 피조물들을 포근하게 끌어안고서는 감싸주고 있다. 이토록 내가 이 자연의 식구들을 응시하고 있는 동안 그들 또한 나를 목격하고서 관찰해 왔던 모양이다.

숲 사이로 난 산책로

나는 하이데호프가 내뿜는 향취에 취해서 이리저리 콧노래로 거닐다가 숲길로 발을 옮긴다. 이내 달은 떠오르고 나뭇가지들은 다투어 자신의 살결을 드러낸다. 나는 마치 숲의 여신 아르테미스에게 납치라도 된 듯 숲 속에서 내 자신을 바라보고 놀라 당황해 한다. 그러나 식어져 가는 숲과 초원 위에 이슬이 내리고 그 위에 달빛 앉는 소리를 들으면서 어느새 나는 아르테미스의 친근한 동반자가 된다. 어느새 유랑하는 자식의 고독은 아르테미스의 마력과 매력에 녹아버리고, 녹아버린 이 고독은 이제 새로운 생기와 환희로 바뀌지고 만다.

싸늘한 대지의 냉기는 단 꽃향기로 변하고 떨어진 낙엽은 그 어떤 황금지폐보다 고귀한 것. 쭉쭉 뻗은 나무줄기들은 여신들의 다리 같고, 초원은 감히 천사들도 못 앉아 보았던 양탄자. 만물은 살아서 곱게 움직이고 또 곱게 움직이는 그 생명은 고운 영혼을 가진 것! 뾰족한 가지들은 달빛에 재잘거리면서 동물로 변하고 나는 이 순간에 식물로 되어버리는 어처구니없는 사건이 우주를 무대로 펼쳐지고 있으니! 지구는 좁으나 초원은 한없이 넓고, 또 이 초원에 쏟아지는 달빛은 쏘나타 소리로 변함으로써 대지의 고요함은 오히려 낮보다 더 시끌벅적하다. 나는 거기서 아우성을 쳐보지만 오히려 한 그루 비목으로 변하고 만다. 내 난처한 모습에 놀란 야생동물들은 그들 동료들의 눈치를 살피고는 내가 돌변스런 행동이라도 할까봐 촉각을 곤두세우고 있다. 그런데 어쩌면 그들이 나무 위에 달 걸어 놓고선 날 구경하고 있는 것은 아닌지 …. 나는 나지막한 소리로 외쳐본다: 가까이 오라, 정다운 피조물들아, 우리는 이 코스모스 속에서 한 식구인데 뭣 땜에 다른 피조물의 거동을 살피며 궁색해 하는가! 내 '만물의 영장'이라는 고리타분한 훈장도 라인강물에 흘러 보내려니 하늘과 맞닿은 이 대지 위에서 한 식구가 되어야지.

그래, 오래 전 시인들은 얼마나 대지를 '성스런 어머니 대지' (terra mater)로 노래했던가! 호메로스는 「만물의 어머니인 대지에 대한 찬가」(An Allmutter Erde : Eis Geen meetera pantoon)에서 다음과 같이 읊고 있다:

모든 지상의 존재자들을 먹여 살리는
만물의 어머니인 대지에 관하여 나는 노래하리라.
땅에서 일어나는 일이건,
바다와 공중에서 요동하는 것이건
다 그대의 충만과 은혜를 입고 있다.
좋은 자손들과 좋은 과실들은 그대로부터 왔으니,
죽어야 하는 인간에게 생명을 부여하거나
돌려받는 것은 그대의 위력이로다.
그러나 그대가 가슴으로 애지중지하게 기른 만물은
복 될진저, 곧 이들에게 질투 없는 지복이 마련되나니.
…
별들로 가득 찬 하늘 우라누스의 아내이고
신들의 어머니인 그대 복되소서.

'만물의 어머니'이자 '신들의 어머니'인 대지로부터 온 자식들인 인간은 그녀의 품에서 살다가 그녀의 품으로 돌아가는 것이다.

또 호메로스와 동시대인인 헤지오도스는 아버지 우라누스(하늘)과 어머니 가이아(땅)가 결혼해서 아들 크로노스(시간)를 낳았다고 하니, 시간의 옷을 입은 모든 존재자들이 곧 가이아의 자식들이 아니고 무엇이랴.

성스런 대지를 일컬어 "모든 것을 낳고, 기르고, 다시 그 자궁 속에 받아들이는 자"라고 아이스킬로스는 그의 「코에포리」에서 밝히는데, 얼마나 많은 시인들이 그를 닮아 '어머니 대지'를 노래했던가.

저 호메로스와 헤지오도스며 아이스킬로스처럼 횔더린 또한 「게르마니엔」(Germanien)에서 빛나는 하늘을 신적인 것으로 읊고, '어머니 대지'를 모든 존재자들을 위한 성스럽고 은밀한 자궁(품)(der heilig-verschlossene Schoss)으로 노래했었지.

대지를 성스런 어머니라고 노래하고 감사를 아끼지 않은 이들은 누구보다도 인디언들이었을 것이리라. 그들에게 토지는 어머니의 살이고 돌은 어머니의 뼈며, 풀은 또한 어머니의 머리카락이었고, 흐르는 강물은 어머니의 젖이었어라. 강 따라 산따라 활거하며 뛰놀고 온 대지 위를 우람하게 줄행랑쳤으니 이들이야말로 감히 '어머니 대지'의 사랑하는 자식들이었어라. 모닥불 피워 어머니의 품안에서 축제를 열고 밤에도 피리 불어 '어머니 대지'의 귀를 간질거렸어라.

그러나 이제 그들의 피리소리는 그쳤고 축제도 멈췄으며 그들의 자연은 백인들에 의해 강탈당하고 말았다. 속된 자식들이 성스런 아들들을 범하고, 못난이들이 잘난 이들을 벌했으니 언젠가 우라누스와 가이아의 벌이 있으리라.

그러나 지금 여기 하이데호프에서 지엄한 아버지 우라누스와 자상한 어머니 가이아가 지켜보는 가운데 노래하고 싶어라. 노래하고 속삭이며, 칭얼대고 말 건네어 '성스런 어머니 대지'를 읊었던 시인들과 인디언들의 노래를 재연하고 싶어라. 그러니 아르테미스여, 칠현금을 갖고 오게나!

나는 절규하며 자연을 불러서 말을 건네고, 또 내 사유로서 자연을 통째로 움켜쥐려 하나, 오히려 나는 지극히 작고 시공에 갇힌 피조물로서 자연 속으로 자연 속으로 빠져 들어가고 만다. 우리가 만약 자연의 깊이와 높이며 크기를 잴 수 없다면 이 자연은 동시에 초자연을 내포하고 있는 것이다. 이것은 우리가 하늘을 예로 들어 생각해 봐도 틀림없는 사실이다. 자연의 숨결에 예민한 눈을 가진 사람에게 자연은 스스로 우주적 신성성으로서 자신과 자신의 초월성을 열어 보이는 것이다. 그리하여 우주는 그 전체가 아름답고 성스러우며 살아 있는 유기체로 나타날 것이다. 이 우주는 철인 플라톤이 그의 대화록 『티마이오스』에서 피력한 코스모스이기도 하다. 그에게 이 코스모스는 얼마나 성스럽고 오묘하게 보였던가! 이는 데미우르크(Demiurg)가 불멸하는 에이도스(Eidos)의 원형을 본 따 창조한 것으로서 완벽하고 가장 아름다운 생명체이지 않은가! 이 코스모스는 모든 다른 피조물들을 포괄하는 특이하고 유일무이한 존재자로서 스스로 영혼을 소유하며 불멸하는 신적 존재인 것이다. 이 코스모스 속에 존재와 생성은 통일체를 이루고 있으며 만물은 그 속에서 생성하고 또 사라지기도 하나 자기 스스로는 생성과 소멸 속에 휘감기지 않으니 …. 인간 또한 예외일 수 없기에 그 속에서 태어나고 그 속에서 살아가다가 그 속으로 사라질 따름. 그러기에 이런 코스모스야말로 자연적이면서도 초자연적이어서 존재와 거룩함이 동시에 계시되어 있다. 고대사회의 인간들은 이런 어마어마한 우주가 좀 무섭게 보이기는 했지만, 그래도 성스러웠기에 이 속에서 살고자 했던 것이다.

그런데 왜 오늘날 사람들은 이런 우주의 거룩한 존재를 망각하고 자신의 거주지를 잃고 사는가. 왜 철두철미하게 탈신성화된 세계를 만들고 자연에 등을 돌리며 엉뚱한 곳에 둥지를 틀고 있는가. 인간들은 자연과 더불어 살아야 할 숙명을 잊어버렸다. 이제 이 탕자들은 자연으로 돌아가기는커녕 자연 파괴의 주범으로 변하고 말았다. 자연은 부를 추구하는 수단으로 전락되어 착취되어가며 정복되어 가고 있다. 인간은 자연을 정복할 권리가 있는가? 그는 그 정복하는 권리원천을 어디서 갖고 있는가? 인류는 오랫동안 자신더러 '만물의 영장'이라는 미명아래 자연과 더불어 살아야 할 것을 잊고 자연을 정복하며 살아왔다. 그런 자연이 이제 인류에게 도전장을 내밀기 시작했다. 자연은 관대하지만 무한정으로 관대할 수는 없는 노릇!

여기서 우리는 고향을 찾는 유랑자가 아닌, 고향을 더럽히고 버린 유랑자를 만나게 된다. 이 탕자들의 마음은 자연을 떠난 만큼 황폐하여서 고향을 상실하고 떠돌고 있다.

성스런 '어머니 대지' 가이아가 안식하는 그윽한 밤에 분노와 슬픔을 삼키고 말문을 닫기로 하자. 하이데호프의 초원은 깊은 밤으로 가라앉았다. 온 세상은 침묵 속에 휘감겼지만 성스럽고 신성한 호흡이 이 세상을 진동하니 — 오뎀(Odem)!

북해로의 여행

자연가운데서 만나는 초자연적인 것

Ⅰ. 북해여행에로의 초대

고향에서 어릴 적에 헤어진 나의 친척은 수없이 많은 세월이 지난 지금 덴마크에 거주하면서 한번은 나에게 초청장을 보내왔다. 시간적 여유를 봐가며 노르웨이의 북쪽으로 여행을 떠나자는 것이었다. 나는 느닷없이 주어진 소식에도 놀랐지만 내 주소를 알아낸 것에 대해서도 놀랐다. 그는 내가 어렸을 때 교회학교의 선생이었기에 이 소식이 더욱 반가웠다. 나는 어린 시절에 있었던 얘깃거리들을 희미한 기억을 들춰가며 끄집어내고는 회상에 잠겼다.

그는 고향을 떠난 뒤 수다한 세월이 지난 뒤에 미국에 정착하게 되었고 언제부턴가 미국 국무부의 직원으로 취직을 했었다.

마침 덴마크에는 잠시 파견으로 머물게 된 셈이다. 그가 어릴 때 가난을 극복하기 위해 고향도 우정도 일단 접어두고 그의 아버지를 따라 도시로 이사를 갔을 때에는 얼마나 안타까웠던가. 그는 고향에 대한 그리움을 가슴에 안은 채 시골에서 마산으로, 마산에서 대구로, 대구에서 서울로, 서울에서 미국으로, 미국 내의 이 도시에서 저 도시로 집시족처럼 편력을 계속했었다. 이런 그가 내 주소를 알아내고 편지를 보낸 것이다.

어릴 적엔 그도 나처럼 찌들게 가난한 집안에서 자라났다. 그러나 그의 부친은 나중에 교회의 장로님이 되신 것처럼 기독교적 신앙과 덕망을 가지신 분이었다. 그렇지만 그는 특별히 교육을 받은 것도 아니었고 여느 시골의 소년처럼 예사롭게 자란 것이다. 그러나 그는 천재 소년이어서 초등학교 때부터 대학을 졸업할 때까지 늘 전교에서 일 이등을 하는 장학생이었다. 그러나 무엇보다 그가 나의 선망의 대상이 된 데는 이런 뛰어난 재능을 가진 것 외에도 우정 어린 성격에 뛰어난 친화력과 덕성을 겸비한 교회학교의 선생님이었기 때문이다.

그런데 이에 반해 나의 형편과 모습은 어떠했는가? 나는 그야말로 누추한 시골뜨기였다. 나는 공부도 별로 할 줄 몰랐고 공부를 할 만한 아무런 자극도 받지 못했다. 나는 나의 부모님으로부터 "공부하라"는 말을 한 번도 듣지 못했을 뿐만 아니라 항상 이런 저런 "일을 해라"는 명령뿐이어서 온갖 농촌 일에 가담했었다. 풀베기, 소 먹이러 가기, 소죽 끓이기, 나무하기, 농사일에 가담하기 등등. 나는 이런 분위기에서 교회학교에도 자유롭게 갈 수 없었다. 집안일은 말할 것도 없고 내 가족은 불신자의 가정이었기에 눈치를 봐가며 교회에 갈 수 있었던 것이다. 그러나 교회학교에는 저런 훌륭한 선생님이 있었다.

이런 환경가운데 나의 교회선생님은 하나의 선망의 대상이었고 모범이었으며 새로운 다른 세계를 보여주는 선도자의 역할을 했다. 그러나 그가 교회선생님이 되고 또 내가 그를 선망하기 시작할 때 그는 벌써 어디론가 날아 가버리는 새처럼 도시로 이사를 갔고 내 시야와 교회에서 사라졌다. 나에게 남은 것은 이루 말할 수 없는 허전함이었지만 그에 대한 인상은 계속 어떤 선망이 되어 내 의식의 한 구석을 지배하고 있었던 것 같다.

그는 마치 (지금 생각해보면) 헤르만 헤세의 『데미안』에 나오는 싱클레어의 데미안과 같이 여겨진다— 싱클레어의 눈이 바라보는 이데아적 선망의 존재로. 기가 꽉 찰 일은 이 데미안과 상반적인 짝을 이루는 카인 같은 악동도 나의 마을에는 있었다. 이 악마적인 존재 때문에 나와 나의 친구들은 학교에도 불안에 떨며 다녔다. 그는 보통 골목대장의 수위를 훨씬 넘어 고약한 폭군이었다. 그도 나중에 도시로 이사를 갔는데, 나중에 30대가 돗되어 폐결핵으로 죽고 말았다. 물론 나는 그때 전혀 싱클레어적인 예민한 감각을 가지진 못했다. 싱클레어는 그래도 청춘의 발로에로 눈을 떴기에 낮과 밤의 세계며 아폴론과 디오니소스의 세계 사이에서, 지성(나르찌스)과 관능(골드문트)의 세계며 내재와 초월의 상반된 세계 사이에서 오락가락하며 대립과 혼돈을 거슬러 몸부림친 것이다. 그러나 나는 그저 때가 많이 묻은 시골뜨기였고 가난한 촌부의 아들이었으며 아예 정신세계를 내다 볼 시야를 갖지 못했던 것이다. 물론 그때는 아직 내가 싱클레어보다 어렸었고 나의 교회선생님도 데미안보다는 어렸던 것 같다.

그러나 지금 전혀 예기치 않은 장소에서 그를 만나게 됨은 또 도대체 어떤 별자리의 움직임이 있었기에 일어나는 일일까. 우리가 서로 『데미안』에서처럼 새로운 세계를 창조하기 위해 알을 깨고 나온 것이라고 한다면 지나친 비교일까. 우리는 옛 둥지의 안온함을 깨는 아픔을 감수하고 이토록 낯 설은 곳에 와있다. 그렇다면 우리는 언젠가 먼 앞날에 의미 있는 인생의 삶을 드러내어야 할 것이다. 그런데 지금 그가 나의 북해로의 여행을 초대한 것이다.

Ⅱ. 무한의 낌새를 더듬어 툴레의 나라로

북해로의 여행! 마치 전설에 나오는 툴레(Thulə)의 궁전에 초대라도 된 듯이 나의 마음은 설레기 시작했다. 어쩌면 바이킹이 점유했던 미궁의 비밀궁전을 훔쳐보는 기회가 주어지는 것은 아닐까. 그러나 무엇보다도 나의 형편없는 일상의 진자리를 박차고 일어나 끔찍한 일들이 펼쳐지는 저 외계에 푹 빠진다는 것이 얼마나 가슴 벅찬 일인지 생각만 해도 까무러칠 듯하구나. 방랑기에 사로 잡혀 있는 나로서는 온갖 비밀과 신화로 둘러싸인 신비의 섬나라인 툴레로의 여행에 오르기도 전에 벌써부터 거의 발작 증세를 일으킬 따름이다. 괴테(J.W. von Goethe)는 툴레 임금의 금잔(goldener Becher)에 대해 동화와 같은 시를 읊었지만(「툴레의 임금」) 나는 그러나 지금 그리로 간다!

늦은 가을날, 아직 태양이 따스하게 비치고, 단물이 이 태양빛에 흡족해 할 때 나는 기차에 몸을 실었다. 나는 마치 고대 그리스의 철인 파르메니데스(기원전 600년경)가 진리를 선포받기 위해 '태고의 문'으로 초대되어 우람한 마차를 탔을 때를 상상해가며 북쪽으로 달렸다. 여신 디케(Dike)가 보낸 '태양의 여신들'이 마중 나와 파르메니데스를 시중들고 안내한 것 못지않게 나 같은 범부를 툴레의 나라로 안내하는 나의 육중한 전령(내가 탔던 기차의 이름은 '쿠리어'였다.)도 저와 못지않게 나를 안온하게 품고는 대지를 밀치며 날쌔게 달리는 것이다. 나의 전령과 숨바꼭질하는 나지막한 산들 그리고 끝없는 지평선! 나의 전령은 라인강을 이쪽에서 저쪽으로, 또 저쪽에서 이쪽으로 건너면서 시간과 공간을 농락하고 줄달음친다. 지방이 바뀔 때마다 가끔씩 낯 설은 언어가 들려왔고 나 같은 방랑객이 타고 또 내리기도 하였다. 많은 변화를 예고하듯 가끔 창밖의 날씨도 비를 뿌리면서 요술을 부렸지만 나의 전령은 그러나 어떤 유혹에도 아랑곳하지 않고 북쪽으로만 줄행랑을 쳤다. 이토록 믿음직스럽고 장엄한 내 전령의 안내를 받아 설렘과 겸허함으로서 툴레로 다가가야지. 그러나 어찌 이 설렘을 노래하지 않을 것이며 어찌 내 전령의 등을 쓰다듬지 않을 것인가. 나의 전령이 '어머니 대지' 위로 구르며 내는 소리에 맞춰 나는 나지막하게 노래했다.

툴레로의 여행

내 삶의 여로가 중반으로 접어들 때
나는 툴레로의 여행을 초대받았다.
어떻게 이런 기상천외의 선물이 주어졌는지를
곱씹어 되뇌며 놀랄 따름이어라.

든든한 나의 전령은 장엄한 여행을 약속하듯
시공을 자르며 대지의 북반부로 치솟는다.
그래, 땅과 바다의 경계선을 밀어내고
이승에서 피안으로 다리를 놓아라!

유한과 무한의 갈림길을 꿰뚫듯이
나의 전령은 밤과 낮을 가르고
인간 세상에 덮인 파토스와 로고스의 구름층을 걷어내며
당당하게 대지 위를 구르는구나.

종착역에선 툴레로 향한 성문과
지상으로 뻗은 토문강(土門江)도 이어지겠지.
이내 고단한 삶의 여로는 끝날 것이고
면사포에 가렸던 온갖 비밀도 계시되리라.

어디가 시작되는 지점인지 또한 어디로 향하는지 알아차릴 겨를도 없이 나의 믿음직한 전령은 어느새 북독일 평원으로 빠져들었다. 또 하나의 지구를 끌어안을 만큼이나, 별이 떨어져도 곱게 받을 만큼이나 넓고 포근한 평원! 까마득한 옛날 중부유럽의 북방평원에서 서양의 문화는 태동되었다는데, 지금은 아무런 흔적도 보이지 않고 오직 광활한 공허와 엄청난 침묵만 일관하고 있을 따름! 수많은 세월의 흐름만큼이나 많은 바람이 그 동안 이 공허한 공간을 휘젓고 다녔을 것이고 또 엄청나게 많은 사람들도 오갔을 텐데 지금은 오로지 끔찍한 비밀 속에 자신을 숨기고 있을 뿐. 평원의 푸른 풀들과 나무들은 나의 전령을 한없이 간질거리고 유혹하면서 무언의 암호를 보내고 있다.

지평선 저 멀리 하늘과 땅이 만난 지점에 조목조목 놓여있는 아름다운 마을! 울창한 수풀로 둘러싸여 지붕이 약간 노출된 곳에 정다운 이웃을 함께 한 사람들이 모여 아름다운 동화의 세계를 가꾸어 놓은 것 같구나. 한없는 대지의 바람과 하늘의 구름이 지평선 위에서 온갖 무언의 놀이를 펼쳐 가는 가운데에 자리잡은 신화의 마을! 가끔 아늑한 지평선에 덮일 듯 갈듯하여 외투로 미미하게 노출된 마을도 나타난다. 그러나 하늘은 그토록 가까이 있어 안온하게 저 마을을 덮어주고 바람 또한 가까이에서 하늘의 비밀을 건네어 줄 것이다.

초원에서 풀을 뜯는 양떼들

지평선이 계시해주는 탁 트인 세상은 사람들로 하여금 열린 마음을 갖게 하며 도그마(독단과 아집)의 벽과 굴곡을 허물어뜨려 자유의 바람이 통하게끔 되어 있다. 그 뿐인가. 지평선은 인간의 시야가 닿는데 까지 자신을 펼쳐 보인다. 그래서 이 자유의 바람과 지평선의 세례를 받은 사람은 그의 정신도 이를 닮아 있는 것이다. 실제로 독일의 정신사를 이끌어낸 사람들은 북독일에 많이 있다.

하늘과 맞닿은 아늑한 지평선을 나의 전령이 꿰뚫고 나아가면 또 그런 지평선! 하늘과 땅 사이에 가물거리는 저 지평선은 또 다른 지평선을 지워 버린 채 하나의 신기루가 되어 한없이 나의 시각을 유혹하고 있다. 하늘과 맞닿은 저 지평선을 비집고 태양은 도망쳐 가고 나는 그저 홀린 채 따라 갈 따름. 저녁노을에는 그러나 하늘과 대지며 동화나라의 경계선도 다 지워지고 오로지 노을 속에 불타고 있을 따름. 이것이야말로 황홀경의 색깔이야! 인간은 자연의 위력을 결코 다 그려낼 수 없고 오로지 그 일각을 모방할 따름. 그것은 자연 스스로가 초자연이기 때문이며 인간 또한 황홀경 속에서 넋도 길도 잃어버리기 때문이다.

하늘은 하늘이고 땅은 땅이지만 우주는 그의 품안에 모든 것을 끌어안고 하나를 이루는 것이다. 높고 신비로우며 성스럽고 초월적인 하늘이 대지에 맞닿아 있다는 것은 살아있는 우주가 펼쳐 보이는 예술작품이고 이를 소우주(인간)에게 내보이는 것도 그의 솜씨일세. 대지 또한 성스럽고 사랑스러우니 헤지오도스(Hesiodos)의 우라누스(하늘)는 가이아(대지)와 부부사이고 우리는 이들의 아들딸들! 횔더린처럼 '어머니 대지'와 '아버지 헬리오스(태양)'를 노래하자(「인간」과 「내가 소년이었을 때」며 「평화의 축제」라는 시(詩)에서). 그이처럼 예배로서 혹은 주문(呪文)의 낭송으로서 '어머니 대지'를 읊고 노래하자(「어머니 대지에게」라는 시에서, 또 「제 3초고」에서). 테라 마터(Terra Mater : 성스런 어머니 대지)! 지평선이 아무는 곳에 하늘은 내려와 있고 저녁노을은 또한 그 만나는 지점을 가려 놓는구나.

내가 집을 나서서 스스로 행방을 추적하며 가던 길을 다 놓치고, 이젠 눈에 안 보이는 자기장에 이끌리어 나는 어디론가 옮겨지는 느낌이다. 그것은 아마도 나의 전령이 툴레나라의 레이다망에 걸려 그리로 빨려 들기 때문이리라. 잔잔한 초원과 숲들에게서 흘러나온 얘기들은 대지를 질주하는 나의 전령이 부딪혀 아지랑이로 변해간다.

아늑한 옛날에 이 대륙의 문명사가 시작되었다는 평원은 지금 말없는 바람과 안개만 오갈 뿐 아무런 함성도 들리지 않으며 그 흔적은 이 거대한 평원의 하데스(하계)에서 문을 잠근 채 침국하고 있다. 내 전령은 이 영령들이 하데스에서 깊게 휴식하는 것을 감지하였는지 퍽이나 조심스레 미끄러져 간다. 나와 동승한 많은 길손들은 거의가 잠에 빠져들어 정적은 더욱 쌓여간다.

어느덧 멀리서 소금냄새가 약간씩 바람에 밀려오는 함부르크에 이르렀다. 나의 전령은 우람한 도시의 건물들 사이를 비집고 들어가서는 그 건물들 사이에서 그리고 많은 도시의 사람들이 바삐 오가는 공간 속에서 휴식을 취하게 되었다. 마치 항구에 도착한 배를 갈매기가 맞이하듯 비둘기는 날아서 우리의 길고 육중한 전령을 반기고 있다.

어둡기 전에 우리의 전령은 다시 길을 나서기로 했다. 도시의 건축물을 빠져나와 우리의 전령은 또 다시 북쪽으로 치닫고 평원을 지날 때는 농장에서 퀴퀴한 퇴비의 냄새도 새어 나왔다. 바다를 낀 도시의 곁을 지날 때는 소금냄새도 물씬물씬 저려왔지만, 바다는 멀리서 산들에 가려 가끔씩 고개를 내밀었다가 또 감추기도 하였다. 그러나 아늑한 세상의 북쪽 끝에서 불어오는 되파람에는 툴레 나라의 비밀도 들어 있는지 간간이 코끝을 간지럽게 했다.

북방에 흔히 나타나는 넓고 낮은 대지와 호수

나의 전령은 툴레의 나라로부터 특별한 심부름을 부탁 받았기에 그토록 당당한 기세로서 엄청난 위력을 뿜으며 북으로 치닫고 있다. 그는 또 한 차례 북독일 평원을 뒹굴며 지평선과 또 다른 지평선을 몇 번이나 바꿨다. 그러나 이내 바다가 가까워오고 툴레의 자기장이 미치는 범위가 가까워 오기에 평원이 주는 평온은 설렘으로 바뀌고 만다.

은은한 바다에 맞닿은 대지와 몇 번이나 숨바꼭질을 하고 난 다음, 나의 전령은 푸트가르텐(Futtgarten)에 이르렀다. 우리의 전령은 이제 자신의 꼬리가 무거운지, 아니면 툴레의 레이다망이 발산한 자기장의 강력한 세력범위에 걸려들었는지, 기운을 서서히 잃고 꿈틀거리기 시작했다. 덜커덩 덜커덩하며 어디론가 어두운 터널 속으로 들어가고 있지 않는가. 드디어 육중한 몸이 멈추게 되자 불이 꺼지고 창 밖에선 붉은 옷을 입은 사람들이 우리의 전령을 쇠줄로 묶고 있지 않는가. 그러자 이웃사람들은 덜컹 자리에서 일어나 밖으로 나간다. 뭔가 이런 사실을 처음 접하는 사람에겐 얼마나 당혹스런 경험인가. 우리는 우리의 전령을 삼킨 엄청나게 큰 배의 뱃속에 들어온 것이다. 마치 툴레의 임금이 자기의 나라로 향하는 순례객에게 보낸 전령선이라도 되는 것처럼 이 배는 오세안(대양)과 대지가 맞닿은 부두에 당당하게 정박해 있다. 몇 층을 거슬러 위로 올라가서는 갑판에 이르렀다. 사람들은 중간에서 빠져나가 음식점이나 커피점이며 슈퍼와 같은 가게로 들어갔다.

바다! 그리고 이 바다와 대지가 맞닿은 곳에 정박해 있는 이 거대한 궁전! 툴레로부터, 무한으로부터 그리고 심연으로부터 비밀을 싣고 온 작은 물결은 한없이 대지를 간지르고 또 속삭이고 있다. 나는 그 비밀을 알아보려고 정신을 가다듬지만, 부수어지는 물결과 함께 내 집념은 흩어지고 만다.

Ⅲ. 유한과 무한의 방정식

어느새 궁전 같은 이 거대한 툴레의 사신은 서서히 움직이기 시작하고, 모든 거대한 출항엔 으레 그렇듯이 갈매기들이 배 위로 날아 출항을 축복하고 있다. 모래톱을 지나 심연을 행해 출항할 때에 자신의 인도자를 상면해 보고자 했던 A. 테니슨처럼 「사주를 건너며」(Crossing the Bar)를 읊어야겠다.

해는 지고 저녁별,
날 부르는 분명한 소리 하나.
사주에 풍랑소리 없거라
내가 바다로 떠날 때에.

움직이는 물결도 자는 듯이
소리도 거품도 일지 말거라,
가없는 깊은 바다에서 왔던 것
다시 집으로 돌아갈 때에.

황혼이 오자 저녁 종소리,
이윽고 그 뒤에는 캄캄한 밤.
마지막 떠남의 슬픔이 없을진저
내가 배 위로 오를 때에.

시간과 처소의 경계를 넘어
물결은 나를 멀리 가져가도,
나의 인도자를 상면해 보고저
내가 사주를 건널 때에.

해가 지고 황혼이 올 때 그리고 저녁 종소리 울리며 별들이 나타날 때 우리는 분명한 부름을 받게 될 것이다. 우리는 가없는 바다에서 왔기에 때가 오면 귀향길에로의 여행에 나서야 할 것이다. 우리가 바다를 그토록 그리워하는 것처럼 그 귀향은 복되고 성스러운 것이어라! 이내 곧 캄캄한 어둠은 올 것이고 승선한 우리는 물결의 안내를 받아 우리의 발원지로 서서히 나아갈 것이다. 어둠이 깔린 먼 하늘엔 우리를 부르는 별들이 하나씩 나타나기 시작하여 유난히도 깜빡이며 손짓하고 있다.

툴레의 임금이여! 우리 순례객을 맞아주세요! 우리는 결코 "원천에 감을 두려워"[12)]하지 않습니다. 우리는 시간과 공간이 쳐놓은 그물망을 찢기를 주저하지 않습니다. 우리는 오히려 시공의 한계를 비웃고 그 경계선을 넘나들 것입니다. 우리는 동서남북의 사방에 달린 가시적 세계에만 파묻혀 살수는 없습니다. 우리는 수평선과 지평선의 저쪽에, 아니 이러한 공간을 열어젖히고, 무한과 초월의 세계에로 다가가서 이 세계의 비밀스런 흔적을 찾아 나설 것입니다. 혹시나 이러한 우리의 행위가 당신의 성스런 영역을 침범하는 도전이 될까봐 두렵습니다만, 우리는 무모한 호기심이 발동되어 '금단의 열매'를 따먹는다거나 '판도라의 상자'를 열어 젖혀 당신의 계명을 어기고서 당신의 심기를 불편하게 하는 사람들과 같지는 결코 아닐 것입니다. 우리는 오로지 우리의 본향과 근원에로의 여행을 감행하고자 하는 일이며, 이 모든 유한과 무한의, 타향과 본향의 주인이신 인도자를 상면해 보고픈 것뿐입니다. 그러니 주저하지 마시고 가시적 세계에서 비가시적 세계로 들어가는 입구를 찾게 해주세요. 그 유한과 무한의 경계선에서 우리의 이성은 방향을 잃고 갈팡질팡할지라도 우리는 뭔

12) 횔더린은 「회상」에서 "… 많은 사람들은 원천에 감을 두려워한다"고 읊었다.

가 '전적으로 다른 것'(totaliter aliter)을 목격할 것입니다. 아니면 우리 스스로가 '전적으로 다른 것'으로 변하겠지요. 우리의 여행길엔 '태고의 문'에서 파르메니데스를 "젊은이, 어서 오세요"라고 환영한 여신 디케(Dike)가 마중 나오지 않아도 좋습니다. 또한 황천길에서 빈손으로 다시 지상에로 내보내어지는 오르페우스와 같은 신세가 되어도 좋습니다. 또는 툴레의 나라로 가는 도중에 포세이돈의 화를 입어 물속에 담금질을 계속하는 상황이 벌어져도, 혹은 셀레네의 유혹에 넋을 잃어 우리의 향방이 혼미스러울지라도 우리는 닻을 내리지 않을 것입니다.

그리하여 우리의 방랑은 차안에서 피안으로 옮겨지고 유한에서 무한으로 넘나들 것입니다. 이처럼 우리의 방랑기는 너무나도 앙칼스러워서 태풍과 같은 위력으로 굵직하고 묵직한 장벽들을 뒤흔들 것입니다. 그래서 우리는 심지어 짜라투스트라와 같은 초인마저도 가볍게 날려 보낼 것입니다. 그는 산에서 내려와 인간더러 짐승과 초인 사이에 놓인 심연 위의 밧줄이라고 하고선 "저쪽으로 건너가는 것도 위험하고, 건너가는 과정도 위험하며, 뒤를 돌아보는 것도 위험하고, 무서워서 멈춰서는 것도 위험하다"고 했지만 우리는 삶 자체가 순풍에 돛단 봄 바다의 여행과는 같지 않다는 것을 통찰했기에 그 정도의 위험이야 이미 전제로 했습니다. 그러나 우리는 이와 동시에 "위험이 있는 곳엔 구제도 솟아난다."[13]는 것을 알고 있습니다. 그러니 테니슨과 우리의 인도자여, 우리를 당신의 궁전으로 초대해 주세요.

이제 출항이 시작된다. 갈매기들은 환송을 하느라고 바삐 날고, 이제 정적을 깨는 뱃고동이 울려 퍼졌다. 성스러운 대지와 심원한 오세안을 이어주는 항구와 툴레의 전령은 얼마나 아름답고 위대한가.

---

13) "Wo aber Gefahr ist, waechst das Rettende auch": 횔더린의 「Patmos」에서.

때론 황홀한 모습을 드러내는 망망대해

'성스러운 어머니 대지'(terra mater)의 아들이 그 어머니의 품을 떠나 오세안의 가운데로 향할 때는 작별의 아쉬움과 그리움도 컸어라. 항구로부터 소용돌이를 내며 이어지는 뱃길이 멀리서부터 차츰 지워지면서 대지는 이제 가시적 세계로부터 멀어져 갔다.

'성스런 어머니 대지'여, 당신은 그토록 위대합니다. 일상성 속에서 우리는 당신의 고마움을 잊은 채 뿔난 망아지처럼 살았습니다. 우리는 날뛰고 구르며 짓밟고는 당신의 살갗을 더럽혀 갑니다. 그러나 당신의 은혜는 하늘이나 오세안보다 넓어 저 짓궂은 자식들을 당신의 가슴으로 품어줍니다. '성스런 어머니 대지'여, 이 자식의 여행이 끝나는 대로, 이 자식의 방랑기가 끝나는 대로 돌아갈 것입니다. 나는 다른 그 어떤 외계보다도 당신의 품에서 살기를 원합니다. 아버지 우라누스가 나를 데려 가기 전에는 나는 그저 영원토록 당신의 품에서 살고자 합니다. 아니, 다른 모든 사람들이 아버지 우라누스가 만든 파라디스에서 더 멋지게 산다 해도, 별들을 번갈아 타고 온 우주를 정원 삼아 떠돌아다닌다 해도, 나는 온갖 실과가 맺고 샘이 솟는 당신의 품이 더욱 좋을 것 같습니다. 당신의 자식들은 그러기에 대개 당신 곁을 떠날 때 발버둥을 치고 울며 떼를 쓰기도 합니다. 그러나 이것은 지극히 정상이 아니고 뭐겠습니까? 어쩜 그러한 소행이 겁 많은 아이의 생떼 같지만 그러나 그걸 재롱으로 여겨 주십시오. 간혹 목숨을 스스로 끊어 당신의 명예를 손상시키고 또 염려케 하는 이도 있지만, 그 망나니 같고 어리석은, 그러나 슬픈 이들을 당신은 위로해 주실 것입니다. 많은 사람들은 그러나 당신의 품에서 영원토록 살기를 원하고 당신과 작별하기를 원치 않습니다. 심지어 백팔번뇌가 우글거린다고 혹은 속세라고 당신으로부터 등을 돌리는 불교 승이 하는 고행도 결국엔 당신으로부터의 근원적인 이별인 죽음 때문일 것입니다. 그러나 미미한 피조물이면서 '성스런 어머니 대지'의 자식들을 하늘로 빼앗아 가는 아버지 우라누스는 너무나 우주에서 거친 플레이를 하시는 것으로 보입니다. 그렇지만 이러한 끔찍한 '우주적 사건'은 결국 아버지 우라누스와 어머니 가이아가 서로 그 역할을 바꿔가며 안아주는 일일 뿐. 그러니 탄생과 죽음은 아버지의 품과 어머니의 품을 서로 바꾸는 일일 따름이어라. 인간은 아무리 발버둥을 쳐도 아버지 우라누스와 어머니 가이아의 품을 떠날 수 없는 법!

그런데 도대체 아버지 우라누스와 어머니 가이아의 곁에 있는 이 오세안은 무엇인지, 그리고 이 숙부 오세안의 어딘가에 숨어 있는 툴레의 나라는 도대체 어떤 곳일까? 오세안은 시꺼멓게 변하고 우리의 전령선은 오세안을 지나면서 하얀 물거품을 낸다. 이 물거품이 만든 뱃길은 곧 우리와 우리의 전령선이 가이아에서 출발하고 또 그녀의 자식이라는 꼬리표. 그러나 이 깔깔대는 물거품은 동시에 영원의 세계에 부딪치는 소용돌이어라. 우라누스가 지켜보고 어머니 가이아가 그리워하는 가운데 오세안이 일으키는 물거품은 그러나 무엇보다도 잠자는 영원을 일깨우고 또 영원과 순간을 연결 짓는 하나의 '우주적 사건'이어라. 글쎄다, 우리의 전령선은 이 얼마나 끔찍한 '우주적 사건'을 일으키며 툴레로 향하고 있는가! '성스러운 어머니 대지'는 공간 속에서 이제 자취를 감추었고 하늘은 아래로 내려와 바다와 맞붙어 있다. 그러나 이 바다와 하늘의 경계선을 비집고 빠져나가는 우리의 전령선은 얼마나 대단한가! 이 거대한 실제적 사건을 마치 꿈이나 신기루에서 미혹당한 것으로 오인하거나 또는 허위로 조작된 것처럼 오해해 데카르트적인 회의를 할 필요는 없다. 그러기에 이 황홀이 환상으로 바뀔까봐 안타까워 할 필요는 없다.

어느덧 대지의 경계는 완전히 시야에서 사라져 오세안의 한가운데로 들어선다. 지평선은 수평선에 의해 뒤집히고, 대지의 경계선이 하나씩 무너진 뒤엔 무한의 세계에 한 걸음 가까워진 예감이 전신을 감돈다. 그토록 온화한 대지는 지금 사라지고 또 지워져 버리고 없다. 망망한 오세안은 그러나 마치 영원과 무한에로 열린 입구와 같아 그 위압감에 나는 까무러친다. 나는 어느새 절규를 하고 말았다. 부딪치는데 없으니 나의 절규는 망망한 대해를 휘감고 공간 밖의 무한의 세계로 날아간 듯하다. 영원에 대한 낌새를 느낄 수 있으니 이 얼마나 놀라운 일인가! 그러나 우리는 안타깝게도 이 낌새의 뒤에 있는 영원의 세계로 날아가는 날개를 갖고 있지 않다. 그러기에 모든 인간은— 그가 진정한 인간이라면— 이카루스 콤플렉스[14]를 갖고 있다.

---

14) 그리스 신화에 등장하는 이카루스는 하늘로 날고 싶어 초로서 날개를 붙여 하늘로 날아올랐다. 그러나 나는 기쁨에 아버지의 위험경고를 못 듣고 태양 가까이로 나아가자, 그만 초가 녹아서 날개는 떨어

온 우주가 무시무시한 고요 속에 가라앉았기에 뱃노래는커녕 나의 숨소리조차 이 고요 속으로 용해되어서는 빨려 들어간다. 무한은 도대체 무엇일까. 유한과 무한의 사이에 있는 그 울타리는 어떻게 허물어지는가. 어떠한 눈초리로서 나는 그 경계선을 훔쳐본담? 우리의 삶은 결국 편편한 유한의 울타리 속에서 파닥거림에 불과할 따름이어라. 그러나 그 울타리가 허물어지거나 또는 그 울타리를 허무는 힘이 있다면 우리는 유한의 세계를 박차고 일어나 무한의 세계로, 비존재에서 존재의 세계로, 어둠의 세계에서 빛의 세계로 나아가리라. 그렇지만 우연에 의해서 그 울타리는 허물어질 수 없는 법이기에 외부에서 원인이 되든 내부에서 원인이 되든 혹은 이들이 합작해서 일어나든 나를 중심으로 하고 내가 끼어 든 거대한 사건이어라. 우리는 스스로 우리의 운명을 만들고 또 운명에 의해 만들어지기도 한다. 우리는 이러한 운명을 사랑할 수는 있지만[15] 지배하거나 조작할 권리는 없다.

아무리 유한과 무한이라는 것이 우주 속에서 서로 뒹굴면서 주고받는 운동을 할지라도 우리는 맨 정신으로 그 운동에 참여할 수 없다. 태어남과 죽음이며 생성과 소멸은 그러나 이 하나이면서 무한한 우주 속에서 서로 뒤바뀌며 주고받는 운동이어라. 그러나 곤혹스럽게도 유한과 무한사이에는 변증법이 성립하지 않으며 우리 또한 이 유한과 무한의 방정식을 풀 수 없는 일! 이는 마치 우리가 태양으로 날아가는 날개를 못 가진 것처럼, 미궁에 둘러싸인 방정식을 풀 열쇠를 갖고 있지 않을 뿐만 아니라 (그래서 우리는 불을 훔친 프로메테우스와 같은 또 하나의 영웅

지고, 이카루스는 결국 땅으로 추락하고 만다. 날고 싶은 욕망, 불가항력적인 한계 및 추락은 곧 이카루스 콤플렉스를 형성한다.

15) “네 운명을 사랑하라”(amor fati): 니체.

을 필요로 한다.) 우리 스스로가 오히려 이 방정식의 한 구성요소에 불과하기 때문이다. 그러기에 유한과 무한의 세계를 열고 닫으며 존재와 무를 관장하는 인도자를 우리는 툴레의 여행에서 만나볼 것이다.

큰 파도는 파토스의 산더미를 만들어내고, 이 흉흉하고 시꺼먼 바다에 우리의 전령선은 때론 용맹스럽고 때론 허우적거리며 때론 춤춘다. 바다는 확실히 우리가 그 곳에서 온 것처럼 그리움의 대상이지만 또한 두려움의 대상이기도 하다. 우리는 '어머니 대지'에서 오세안을 그리워하지만, 오세안의 한 복판에 떠돌면서 이 오세안을 두려워한다. 깊고 검푸르며 망망한 심해에 일렁이는 파도는 곧 오세안의 무시무시한 모습. 만물을 삼킬 듯한 거친 태도와 입다문 오세안의 비밀을 누가 열겠는가. 글쎄다. 이처럼 별의별 험상궂은 인상을 지으면서 오세안은 툴레로의 입구를 보여주지 않았다. '나쁜 아저씨'(der boese Onkel)인 오세안은 오히려 쉴 새 없는 파도로 그 입구를 흩트려 버린다. 심술보 같기드 하고 냉소 같기도 한 파도소리와 어떠한 간청도 삼켜버리는 하얀 이빨의 파도, 게다가 시꺼먼 공포가 꿈틀거리는 심연과 끊임없이 우리를 쫓아내는 바람. 갈매기들조차 여기에 가세하여 떼를 짓곤 빙빙 돌면서 우리를 비웃고 있다. 어째서 오세안은 이토록 냉담하고 시치미를 뚝 떼고 있는 건지 무심하기 그지없어라. 그토록 우리가 가소로운 건지, 우리를 겁주는 건지 아니면 우리가 겁먹었다고 생각하는 건지, 우리가 그토록 미미하고 애처로운 건지, 아니면 아예 우리를 얕보고 거두절미하는 건지, 아니면 혹시라도 우리의 때가 아직 아닌 건지, 아니면 우리의 간청이 파도 결에 부딪쳐 밀려나 가버린 건지, 아니면 우리와 숨바꼭질을 계속하자는 건지, 아니면 아예 우리가 우리의 찾는 장소를 잘못 알고 있는 건지, 아니면 …….

그럴 것 같다. 아무래도 툴레의 나라는 적어도 고래들이 펄쩍 펄쩍 뛰며 떼를 지어 그 궁전을 지키는 곳에, 아무래도 북극곰들이 어슬렁거리며 배회하는 곳에, 아무래도 속세에서 멀고 천상에서 가까운 특별한 공간에, 태양광선과 어둠이 묘한 방정식을 만들어 내는 곳에, 오로라가 등장하여 초자연적이고 초인간적이며 초지상적인 신비를 펼쳐 보여 인간의 혼령을 뺏는 곳에 위치해 있을 것이다. 그래, 그 쪽에 가서 찾기로 하자.

우리가 오세안의 한 가운데서 그리고 툴레라는 나라의 언저리에서 유한과 무한이며 존재와 생성소멸의 세계를 더듬어 가면서 넋 잃고 넋 찾는 일을 거듭할 때에 저쪽에서 가이아의 모습이 드러나기 시작한 것이다. 우리는 어머니 가이아가 사랑스러워 탄복했고, 그래서 우리는 이제 가이아의 품으로 돌아가려고 방향을 잡았다. 우리는 이때쯤 하늘 우라누스와 숙부 오세안이 가진 위엄과 비밀보다는 어머니 가이아의 사랑이 더 위대하다는 것을 깨달았다. 그래, 맞다. 만약 우리가 하늘에서 이틀만 떠돌아도 '어머니 대지'가 그리워질 것이고 망망한 대해에서 사흘만 항해해도 그러할 것이다.

차츰차츰 '성스런 어머니 대지'의 윤곽이 드러나기 시작한다. 우리는 이내 두 손을 번쩍 들고 환호하며 어머니 가이아의 품에 안길 것이다. 오, '성스런 어머니 대지여'!

Ⅳ. 지상적인 것과 동시에 초지상적인 것

오세안으로부터 벗어난 우리의 전령은 다시 대지위로 구르며 어둠을 꿰뚫고서 북방으로 나아갔다. 고요한 밤의 어둠은 오히려 온화한 입김으로 우리의 전령을 포근하게 감싸준다. 우리가 코펜하겐에 도착했을 때 사방은 이미 으슥한 밤으로 둘러싸였다. 우리의 충직하고 우람한 전령은 이제 엄청나게 크고 긴 호흡을 하며 휴식한다. 어찌 이를 쓰다듬지 않을 것인가. 그 고마움으로 말미암아 나는 그에게서 시선을 떼지 않은 채 밖으로 나왔다.

어두컴컴한 북방의 도시에도 많은 사람들이 오가면서 떠들썩한 소리를 내지만 곧 북방이 발하는 어둠과 고요 속으로 휘말려 들어갔다. 코펜하겐역의 출구에서 나는 나를 초대하고 기다리는 분을 만났다. 수십 년이 지난 후라서 그의 모습이 퍽 달라져 버리지 않았을까 하고 생각했지만 옛날 그대로였다. 그가 예전처럼 씨익 웃으며 나를 먼저 발견했다. 너무나 반가웠던 것이다. 그의 다정하기는 옛날보다 더 심해졌다. 세상을 무대로 방랑을 하고 또 여러 인생의 경험과 고생을 하여 그토록 다정하게 변했겠지. 그런데 도대체 우리가 어떤 운명의 별자리를 갖고 있기에 이 세상의 나그네로 되어서는 지금 이 어두컴컴한 북방의 한 도시에서 만나게 되었을까. 코펜하겐은 우리 어린 시절의 마을을 옮겨 놓은 것처럼 정다워져 간다.

그는 코펜하겐의 중심지에서 자동차로 약 20분 떨어진 곳에 살고 있다. 정원을 낀 그의 집은 독립가옥으로서 아름다운 정원수들과 잔디며 넓은 거실에다 탁구를 칠 수 있는 공간까지 갖추고 있었다. 2층은 주로 침실로 사용되는데 나 같은 손님을 위한 방도 따로 있었다. 내가 머물게 되는 방은 아담하게 꾸며져 있고 특히 넓은 창문을 통해 먼 들판이 시야에 들어왔다.

우리는 저녁마다 밤이 깊도록 옛이야기를 나누었고, 낮에는 우리가 어린 시절로 돌아간 것처럼 이 도시의 구석구석을 개구쟁이처럼 돌아다녔다. 이 도시의 나지막한 집들과 밝은 황토색의 지붕은 퍽 정답게 여겨졌다. 안데르센의 동화의 도시와 그룬트비의 개혁자의 도시며 철학자 키에르케고르의 사색하는 도시는 어두운 북방을 밝은 땅으로 변화시켰다. 인어공주가 있는 조용한 해변, 신화에 등장하는 억센 황소들을 몰고 가는 여신에 대한 조각상, 까마득한 선사시대의 흔적을 보관한 박물관이며, 역사에 등장했던 끔찍한 고문들의 형식을 보관한 왁스무제움, 게다가 현대적 감각을 살린 티볼리의 놀이터와 같은 것들은 이 도시의 다양하고 생동하는 모습을 보여주고 있다.

게피온의 분수대

때로는 배를 타고, 때론 교외에서, 때론 바닷가에서, 우리는 쉽게 이 도시와 친숙해졌다. 우리는 새벽에 열리는 어시장에서 25 킬로그램이나 되는 대구를 사기도 하고 스웨덴이 마주 보이는 해안에서 오랫동안 걷기도 했다. 우리는 서점에 들러 독일어와

영어로 된 키에르케고르의 책을 골랐고 코펜하겐 대학의 정원에서는 햇빛을 그리워하는 이 북방의 사람들이 만든 거대한 온실에서 열대의 식물을 구경했다.

우리는 며칠 동안 어린아이들처럼 이 도시를 들쑤셔 다닌 뒤에 한 번은 이 도시를 벗어나 퍽이나 먼 북쪽으로 여행했다. 우리는 그러나 그때 시간적으로나 정신적으로 많은 여유를 갖지 못했기에 북방 깊숙한 방향으로의 여행을 감행할 수 없었다. 나의 교회학교 선생님은 얼마 안 있어 미국으로 귀환해야 할 처지에 놓여 있었다. 그 대신 우리는 그런 여행을 먼 훗날로 기약해 놓았다. 우리의 북방 행에 낮의 시간은 퍽 짧아 이내 곧 어둠이 덮친다. 우리는 어느 한적한 시골마을에 있는 조그마한 호텔에 여장을 풀었다. 맑은 공기에 아름다운 자연이 펼쳐진데다 우리의 작은 호텔은 퍽이나 아늑한 분위기였다. 게다가 북쪽으로 트인 곳엔 아담한 베란다도 있다. 우리는 긴긴 저녁의 시간을 이 베란다 위에서 포도주를 마시며 얘기꽃을 피웠다. 북방지방은 하늘도 가까운지 별들이 퍽 지상으로 가까이 내려와 선명하게 빛나고 있다— 마치 우리들의 얘기를 들으려고 모여든 것처럼. 어릴 때 우리가 우리의 고향마을에서 총총한 별들을 보고 어떤 별이 견우이고 어느 별이 직녀라는 둥 알아 맞히던 때에 보던 별들보다 더 총총 빛나고 있다. 우린 그때 달을 잡는다고 꽤 높은 산 위에 올라가기도 했다. 정월대보름이 가까이 오면 달은 왠지 산마루에 걸린 것처럼 보였다. 그런데 오늘은 나이 먹은 두 어린아이가 그런 분위기에 싸여 옛이야기를 하고 있다.

그런데 웬 일인지 주위는 깜깜한데 아스라이 먼 북쪽이는 마치 해가 지지 않은 것처럼 타는 황혼녘이 이글거리는 것으로 보였다— 그 주위에는 새까만 어둠이 감싸고 있는데도. 글쎄다, 태양이 아예 저기서 밤을 보내고 있는 것인지, 혹은 아름다운 색깔로 채색한 별다른 빛의 왕국이 존재하는 건지 알 수 없구나. 저 신비하고 황홀한 현상 때문에 우리는 기묘한 분위기에 휩싸이고 말았다. 그 기막힌 신비가 내리 퍼붓는 황홀 속에서 우리가 우리자신을 가늠하지 못하는 것보다는 차라리 아스라이 먼 여기서 보기에 다행이다. 그것은 우리가 오로라와 같은 현상 앞에서 감당할 수 없는 경지로 치달을 것 같은 야릇한 두려움이 엄습해왔기 때문이다. 오로라가 펼치는 무대가 우리 영혼을 난도질하여 한계를 뛰어넘는 경이의 세계에 빠뜨리면 우리는 돌아올 수 없기 때문이다. 북방에서 일어나는 모든 현상은 범상치 않는 일이다! 우리는 거기서 시선을 떼지 못했다.

밤이 깊었을 땐 실제로 그 근처에서 어둠을 이리저리 주무르는 광채가 이상한 모양새를 만들며 활동하는 것을 보았다. 빛의 왕국이라니 아름다운 채색으로 별별 무대를 꾸미는 모양이다. 저게 오로라이군! 오로라의 광채 커튼이 몇 번 휘감는 현상을 빚어낼 때 우리는 무언의 약속이라도 한 듯 입을 쩍 벌리고 북쪽을 응시했다. 상당히 긴장된 침묵의 시간이 흘렀다. 만약 가까이에서 저 오로라 현상을 목격한다면 우린 까무러쳤을지도 모른다. 만약 우리가 오로라에 대한 희미한 사전 지식이라도 없었다면 우리는 오늘밤 완전히 허깨비에게 홀린 듯 우리들의 의심스런 눈을 비벼댔을 것이다. 과학적이면서 초과학적이고, 자연적이면서 초자연적이며 지상적이면서 초지상적인 현상 앞에 우리는 전혀 말문을 열지 못했다. 우리 인간으로선 어찌 할 바도 없고 또 어찌 알 바도 없는 노릇이었다. 그런데 우리가 어찌 알았던들 뭘 어쩌겠는가. 그러나 우리는 성스런 자연 앞에 이끌려 겸허하게 된 우리의 태도에 놀랐지만 기쁨 또한 컸다.

지상에는 이처럼 북방에서 일어나는 기묘한 현상 외에도 자연적이면서 초자연적이고 성스러운 것이 많이 있을 것이다. 아니,

더 나아가 모든 존재자들의 존재근거를 뒤척이면 거긴 눈에는 안보이지만 초자연적이고 초월적인 부분이 실존할 것이다. 우리의 일상은 그러나 그러한 것을 지워버리고 예사로운 것으르 바꿔버린다. 그러기에 형이상학자의 탄식은 계속되고 사람들은 그들의 말을 아랑곳하지 않는다.

그러나 지금 우리는 성스런 자연 앞에서 도취되고 또 마취되어 있다. 옛날에도 나는 언젠가 아주 미약하지만 저런 현상을 목격한 적이 있다. 그 땐 거리가 너무 멀어 미약한데다 오로라가 분명하게 빚어내는 광채무대가 아니었다. 그렇지만 그것도 대단한 위력을 갖고서 나를 엄습했다. 즉, 내가 언젠가 독일에서 출발하여 러시아의 북쪽으로 비행하는—그런 노선을 통해 서울로 가는— KAL기와 루프트한자(Lufthansa)에서 비행기의 창문을 통해 아스라한 북쪽을 바라보았을 때 어둠 속에 핀 광채의 꽃을 보고 얼마나 황홀경 속으로 빠져들었는지 모른다. 흑암과 광채가 공동으로 이룬 묘한 무늬 앞에 그저 넋을 잃을 따름이었다. 어쩌면 그것은 오로라가 낸 광채의 여파가 멀리까지 미미하게 파급된 것이었겠지. 아니면 아예 태양이 지구의 북극 모퉁이에서 깊은 잠에 빠져들 때 온 주변이 녹아나면서 빚어낸 현상이었겠지.

빛과 어둠은 원래 서로 상반함으로 자신들의 존재가 드러난다. 빛이 있으면 어둠은 사라진다. 그러나 빛이 없으면 어둠이 세상을 지배한다. 이들 중 하나만 존재한다면 다른 하나는 언급할 필요도 없고 또 언급할 수도 없다. 그들은 상반함으로 그러나 상반상생(相反相生)한다. 그러나 어떤 초과학적이고 특수한 상태에서 서로 협력하여 휘감는 (물론 과학적으론 광채들만이 펼치는 무대라고 봐야겠지만) 오로라와 같은 장관을 이루어 내기도 한다.

지금도 아스라이 먼 저 북쪽에 이상한 광채가 흑암을 뚫고, 아니 흑암과 묘한 방정식을 만들어 가며 하늘을 수놓고 있다. 나로선 때론 경탄으로, 때론 몰아지경 속에, 때로는 두 눈을 부릅뜨고, 때론 신비와 아름다움의 위력 앞에 무력해져서 어찌 할 바를 모른다. 도대체 저 황홀경은 무엇이며 왜 일어나고 또 저 황홀경이 벌어지는 한가운데는 무엇이 있을까. "광휘에 취해 천사의 성역에 발을 들여 놓는다"고 쉴러는 「환희의 송가」에서 읊었다. 그러나 우리는 이 시 구절을 바꿔서 "광휘에 취해 툴레의 성역으로 발을 옮길 수 없다"고 해야겠다. 저쪽 인간세상은 어둠에 빠져들었는데, 오로라로 장막을 치고 황홀의 노을로 불 지르는 툴레는 수수께끼와 신비로 세상을 유린해버렸어라. 툴레의 임금은 도대체 어떤 분일까. 우리는 한편으로 황홀경 앞에서 경탄하지만 다른 한편으론 우리의 무식과 왜소함 때문에 안타까워한다.

저것은 거룩하신 조물주께서 북극을 마치 무대로 삼으시고 이 무대 위에 저 오로라의 광채로 수를 놓으시는 모양이다. 혹은 천국의 시민들이 지상에다 뿌리는 꽃가루일까. 아니다, 그것은 조물주께서 지상에서 천상으로 오르는 영혼들을, 가이아의 품에서 우라누스의 정원으로 여행하는 영혼들을 한 곳에 불러 모아 지상적이며 천상적인 옷으로 감싸셔서 천상으로 데려 가시는 일일 것이다. 그들은 자기 장력의 축을 따라서 비행하여 북극성 쪽으로 여행할 것이고 북두칠성에 이르러서는 그 두레박에 목욕을 하고 북극곰좌의 정원으로 들어갈 것이다.

오로라가 내는 광채는 하나의 초과학적이고 특이한 광채로서 빛과 어둠의 도식으로만 설명될 수 없다. 그것은 자신이 내뿜는 신비한 마력 때문에 우리가 지상에서 가끔 접하는 빛에 대한 경탄과는 비교할 수 없기 때문이다. 저 끔찍한 장관 앞에서 지상적이고 예사로운 인간의 태도는 송두리째 녹아버리고, 또 지상적인 것을 통괄하는 이성은 저 황홀경이 뿜는 위력 앞에서 별똥별처럼 어딘가로 추락해버리고 만다.

그러니 자연이 마치 의도를 가진 듯 자신의 신비한 역동성으로 위력과 마력을 뿜어내고 펼쳐 보일 때 인간은 그 앞에서 지극히 진지해지기도 하면서 동시에 바보가 되기도 한다. 이 '바보'는 그러나 인간이 인간자신의 한계를 깨닫는 것이어서 그것을 통해 겸허해지기도 한다. 내가 만약 지금 오로라가 마력과 위력을 동시에 뿜어내는 공간 속에 있다면, 나는 아마 정녕 이 무대에서 돌아오지 못할 것이다. 그러나 언젠가 나의 삶이 다하는 때엔 마치 엠페도클레스(Empedokles)가 에트나 화산에 빨려 들어간 것처럼 오로라에 휘감겨 하늘로 빨려 들어가고 싶어라.

테아터 광장

디오니소스적인 것과 아폴론적인 것의 만남

싱그러운 유월의 받-고데스베르크

나그네가 방랑기를 잠재우고 한 곳에 정주하게 되는 것은 거의 기적에 가까운 일일 것이다. 이 나그네의 마음을 달래고 사로잡는 곳이며 또 나그네가 정을 들여 닻을 내리는 이곳은 곧 제2의 고향처럼 축복어린 곳이리라. 이는 인간이 결코 아무 곳에서나 거주하며 살 수 없기 때문이다.

이 테아터 광장을 중심으

로 한 본(Bonn)의 남쪽 반-고데스베르크(Bad-Godesberg)가 내 제2의 고향으로 자리 잡기까지는 수없이 많은 세월이 흘렀고 또 제2의 고향으로 터 잡은 지도 오래되었다. 그래서 이제는 눈을 감고 다녀도 이 테아터 광장의 주변을 알아낼 수 있는 단계가 되었다.

베토벤과 모차르트가 만나 함께 연주했던 레두테(Redute)는 오늘날에도 연주홀로 사용된다.

이 테아터 광장을 주변으로 하여 생활에 필요한 온갖 것들이 옹기종기 모여 있기에 본(Bonn)대학의 세미나에 참석하는 일이나 특별한 경우를 제외하고는 굳이 본(Bonn) 시내로 나갈 필요가 전혀 없다. 멋지고 다양한 가게들, 아담한 시립도서관(전문서적까지 갖추고 있고 얼마든지 편안히 앉아 몰두하여 읽을 수 있는 아담한 공간이 있다.), 앉아서 읽어 볼 수 있도록 공간을 제공한 서점들, 내가 열심히 들락날락 했던 고서점들, 문방구, 공원 안에 자리 잡은 아담한 문화관, 모차르트와 베토벤이 만나 연주했던 레두테(Redute) 연주실, 이 레두테를 둘러싸고 있는 멋진 공원, 극장, 과일과 야채시장, 큼직한 식료품가게, 각종 이국적인 음식점들, 아늑하게 꾸며진 술집들, 카페, 세계의 유수한 커피를 판매하고 동시에 간단한 일상용품을 염가 판매하는 '치보'라는 가게, 빈노택(와인 전문점), 신발 및 가방가게, 기타 등등. 그런데 이런 모든 가게들이 상업성만 고려하는 현대의 혼탁하고 왁자지껄한 가게들이 결코 아니라 아담한 거리와 공간을 갖추고 있기에 전혀 색다르다.

물론 이들과는 많은 세월을 두고 자연스레 친근해졌는데, 나로선 밤에도 나들이를 나와 이들과 접하게 된 것이다. 즉, 하루종일 많은 분량의 서적을 뒤척이고 논문을 가다듬느라 방구석에 틀어박혀 있다가 머리를 식히고 심호흡을 하기 위해 테아터 광장과 그 주변의 거리로 빈번히 돌아다니면서 더더욱 친근하게 된 것이다. 더욱 이들 대부분의 거리엔 차량통행이 금지되어 있으므로 아무런 방해를 받지 않고 구경하고 생각하며 공상에 빠질 수 있는 것이다. 쇼 윈도우에는 온갖 깔끔한 것들로 진열되어 있다.

테아터 광장은 그저 펑퍼짐하게 퍼져있는 본(Bonn)시내의 뮌스터광장이나 떼거지처럼 사람들만 몰리는 시청 앞 광장과도 전혀 다를 뿐만 아니라 쾰른의 공룡 같은 돔(Dom)광장과도 다르다. 이들 광장들엔 으레 대형 상가들이 줄지어 있고, 데모집회장소라든가 선거유세며 정치공세의 공간으로 이용되며, 히피족을 비롯한 극우파나 극좌파에다 요란스레 색칠을 한 펑카족들이 몰린다. 어찌 이런 광장들과 정을 붙일 수 있단 말인가. 그래서 나의 테아터 광장은 세상의 어떤 광장과도 비길 수 없이 내 삶과 생활에 중요한 자리를 차지한다.

이 광장의 벤취에 앉아 가로등에 투명되는 낡은 우유색의 안개를 흡입하고 아늑한 저녁의 정취에 감싸이게 되면 카멜레온 같이 색깔을 바꾸는 고독도 가라앉게 되어 또다시 툴툴 털고 일어서게 되는 것이다. 더구나 이 테아터 광장에서 아주 가까운 (약 80m) 곳에는 쿠어파크(Kurpark)라는 공원이 있기에, 조용한 이 공원에서 이리저리 발걸음을 옮기면 고약한 고독도 물러가게 된다.

이 공원의 입구에서 조금만 들어가 오른 쪽의 오솔길을 따라가면 기가 찬 조각상이 하나 언덕아래에 나타난다. 고난을 떨구고 일어서려는 여인상이 조각되어 있는 것이다. 원래 식물세계의 여신 플로라(Flora)를 상징하는 조각이었겠지만 어찌된 셈인지(더 잘된 건지) 뭔가 다른 인상을 주는 것이다. 나는 이 조각상을 지나가면서 밤 인사(구텐 아벤트)를 전하곤 심경을 건드려 본다.

쿠어(Kur)파크의 가을

이 공원엔 잣나무와 은행나무 같은 전형적인 동양의 나무들도 있어 이들로 하여금 향수를 달랠 때도 있다. 열 그루가 넘는 잣나무에서 잣방울이 열릴 때 나는 이 열매로 잣주를 담그곤 했다. 베토벤과 모차르트가 만나서 연주했던 레두테(Redute)의 뜰에는 제법 큼직한 은행나무도 있다. 가을엔 이 뜰에서 서성이며 은행잎을 줍곤 했었다.

이 뜰을 지나 레두테의 건물을 돌아 뒷산으로 오르면 나무아래에 감추어 놓은 듯한 아주 작은 동장군 모습의 베토벤 동상이 있다. 다소곳이 상록수 아래에 명상하며 서있는 베토벤상은 고독한 산책인들을 위로하는 모습을 하고 있다. 이 오솔길을 따라 산으로 오르면 멋진 동산이 공원으로 꾸며져 있고 연못도 나타난다. 어느 가을날 나는 이 동산에서 수북하게 쌓인 낙엽을 밟으며 걷고 있었다. 고독했던 때였다. 그런데 내 발 앞에서 탱자보다 약간 큰 야생과일을 보게 되었는데, 탱자보다는 좀 더 반질반질한 타원형의 과일이었다. 그런데 우연히 냄새를 맡아보고 깜짝 놀랐다. 그건 모과 열매였던 것이다. 세상엔 웬 탱자 같은 모과도 다 있는지— 나는 피식 웃고 고독한 산보를 멈추고는 집으로 돌아온 적이 있었다.

깊은 밤 테아터 광장은 나 같은 고독한 나그네에게도 열려있다. 고독한 독백을 쏟아놓으면 이 독백을 들어주고 또 나그네를 포근히 안아준다. 여름밤, 이 테아터 광장에서 받는 정취를 나는 일생동안 잊을 수 없다. 밤 11시가 되면 주위는 이미 조용해진다. 테아터 광장가에 놓인 벤취들은 텅 비어 있어 책 몇 권을 그 위에 놓고 나도 덥석 걸터앉는다. 휴!

이 광장의 가운데에는 마치 한국에서의 정자나무처럼 큼직한 보리수 한 그루가 서 있어, 여름엔 꽃이 피어서 찐한 향기를 밤공기에 쏟아낸다. 이 나무는 보통의 보리수와는 달리 키가 좀더 높고 향기도 찐하여서 이 광장과 주변의 거리에까지 향기를 날려 보낸다. 게다가 라인강에서 올라온 미세한 안개는 가로등에 비춰 세상을 맑고 엷은 우유색으로 색칠한다. 이 정취의 아름다움에 사로잡혀 나는 전혀 책을 읽을 수 없다. 그 대신 온갖 일상의 스트레스며 애환들, 고향에 대한 향수에서부터 미래에 대한 설계에 이르기까지 온갖 것들을 보리수 향기와 우윳빛 밤안개에 끄집어내어 놓고선 신선한 공기와 향기로 씻고 어루만진다. 밤이 퍽 깊었을 때에야 나는 보리수 향기와 밤안개가 건 마력에서 풀려나 책을 잡는다.

가운데에 서있는 특이종의 보리수 나무.
가장 오른쪽에 있는 흰색깔의 밴취에 앉아
순찰자와 장난을 치고…

그런데 깊은 밤에는 경찰이 순찰차를 몰고 시민들의 안전을 위해 순찰을 돈다. 이 광장에 유일하게 들어오는 자동차다. 건물 아래층으로 뚫려있는 좁은 통로를 통해 들어오는데 내가 앉은 벤취에서 약 사오 미터 정도밖에 떨어지지 않은 곳을 통과한다.

그들은 곧 이 늦은 시간에 혼자 광장의 벤취에 앉아 있는 사람을 발견하고는 의아해하는 눈치다. 이토록 수고하는 이들에게 밤인사("구텐 아벤트"!)를 보내려다가도 장난기가 심한 나로서는 오히려 슬그머니 애를 먹이고 싶은 심술보를 끄집어낸다. 즉, 나는 내가 읽던 책을 더 높이 들어 얼굴을 다 가려버린다. 경찰들은 멈추곤 차 속에서 나를 이리저리 관찰한다. 그들은 약 삼사 미터를 앞으로 나가서는 또 멈춰서 나를 바라본다. 나는 책으로 가린 얼굴을 또 그 쪽으로 슬쩍 돌린다. 그러자 그들은 지나간다. 그들은 그러나 재빨리 (약 5분 후에) 또 다시 등장한다. 뭔가 내가 의심스런 객체인지 더 관찰을 해보겠다는 의도다. 나는 마음속으로 킬킬대며 아까 했던 대로 반복한다. 만약 그들이 차에서 내려 나에게로 오면 (통상 그들이 먼저 인사를 한다.) 친절하게 밤인사를 하고 (디오게네스가 알렉산더에게 햇빛을 가리지 말아달라고 부탁한 것처럼) 가로등을 가리지 말아 달라고 농을 걸려 했으나, 그들은 이내 내가 의심스런 사람이 아닌 것으로 판단하고 지나간다.

깊은 밤의 테아터 광장에서 흡족하게 책을 읽고 또 신선한 밤의 정취를 만끽했다고 생각되면 나는 자리에서 일어선다. 대지가 싸늘하게 변할 때까지 혹은 새벽이 올 때까지 여기서 머물면 안 된다. 그것은 이 광장에서 얻은 정취가 결코 피르로 바뀌어 지면 안 되기 때문이다. 그래서 테아터 광장은 정점에 놓인 어떤 시간에 나를 집으로 돌려보낸다.

낮이면 그러나 테아터 광장은 변신한다. 밤에 어떠한 일이 일어났는지 일체 말하지 않고 자신의 또 다른 모습을 펼쳐 보이는 것이다. 테아터 광장은 자신의 활발하고 생기 넘치는 공간을 펼쳐 보이며 삶에 원기를 불어 넣어준다. 따뜻하고 햇빛이 쏟아지는 낮엔 가벼운 발걸음으로 오가는 사람들이 이 광장의 야외카페에서 대화와 여가를 즐긴다.

테아터 광장은 일 년 내내 바쁘다. 가끔 야외음악회가 열리고 계절마다 거기에 걸맞은 축제며, 가을의 포도수확축제와 크리스마스 전의 4주간에 걸쳐 열리는 성탄절시장, 2월말이면 카니발의 시발점이 되는 것까지 테아터 광장은 바쁘다.

가을날 탐스런 포도들이 수북수북 쌓여 있는 것을 보면 그저 디오니소스의 제사상처럼 보인다. 연이어 포도주 시음회가 테아터 광장에서 벌어지는 것이다. 각종 포도주 양조장에서 자신들의 포도주를 선전하기 위해 개최되는 것이다. 이땐 라인강변과 모젤강변에서 생산된 각종 포도주들이 다 등장된다. 시음회가 열리는 날들에는 아예 큼직한 꿀밤나무로 된 포도주의 양조통이 통째로 등장된다. 새콤한 치즈도 안주로 등장되어 나로서는 땡잡는 나날들이다. 이모든 양조장을 돌며 시음을 한번하고 나면 나는 벌써 디오니소스가 된 기분이다. 게다가 이 시음을 반복하면 포도주의 맛을 감식하는 전문가로 된다! 굉장히 향기로운 포도주가 값싸게 팔리기도 하는데 긴 겨울을 위해 주머니가 허락되는 대로 몇 병을 사들고 온다. 이처럼 테아터 광장은 디오니소스를 위해 제사지내는 곳이기도 하고 축제장이기도 하다.

모든 결박을 풀어버리는 주신 디오니소스! 해적들이 그를 잡아 배 위에 싣고 포승줄로 묶어 납치하려 했으나, 이 포승줄이 닿자마자 썩은 새끼줄로 변하고 만 것이다. 해적선은 멈춰 섰고 어디선가 포도주 향기가 진동하는데, 돛대에선 포도 잎이 나고 덩굴이 힘차게 뻗어 꽃이 피면서 탐스런 포도가 열리기 시작한다. 해적선의 항해는 끝장이 나고 만다. 테베의 왕은 디오니소스를 감옥에 가두었으나 감옥은 곧 무너져 그 어떤 것이든 디오니소스를 결박할 수는 없다.

그리스인들은 포도나무에 싹이 트는 봄에 디오니소스의 축제를 성대하게 열었다. 위대한 시인들이 그에게 축시를 읊고 모든 사람들이 생업을 중단하고선 이 축제에 참가했다. 이 축제일엔 디오니소스를 기념하여 감옥에 갇힌 죄수들이 석방되며, 극을 쓰고 축시를 읊은 시인들과 합창단은 모두 디오니소스의 사제로 대우를 받았다.

나도 '디오니소스의 선물'인 (그리스인들은 포도주를 '디오니소스의 선물'이라고 부른다.) 포도주의 혜택을 많이 받았다. 아니, 포도주의 위력이 없었다면 나는 박사학위를 수여받지 못했을 지도 모른다. 그에 대한 내력을 더듬어 봐야겠다. 나의 교수님은 워낙 엄하시고 까다로우셔서 학생들이 쩔쩔맨다. 세미나를 불성실하게 준비한 사람은 쏟아지는 교수님의 질문에 답변을 못하고는 주눅이 들어 눈물을 뚝뚝 흘리고 나가버리는 경우도 있었다. 그런데, 나중에 알게 되었지만 이 엄격함도 오로지 교육을 위해서였기에 오히려 훌륭하신 선생님으로 여겨졌다. 이토록 엄격하신 교수님에게서 논문을 써야하는 나로서는 난감한 상황을 가끔 경험해 보곤 했다. (물론 그가 해박한 실력을 감추었기에 나는 그를 나의 선생님으로 택한 것이다.) 이를테면 수정 및 검정을 받기 위해 논문의 일부분을 교수님께 제출하면, 그리고 간혹 철자의 타이핑이 한두 글자 틀리면 "더 이상 안 읽겠다!!!"는 논평을 쓰곤 (대노하셨는지 외침부호를 몇 개나 곁들여서) 돌려주시는 것이었다. 나로선 처음에 당황했지만, 학문하는 사람이 철저를 기해야 하는 것으로 알게 되어 퍽 교육적임을 깨닫게 되었다.

그런데 본격적인 논문을 쓰게 되고 또 이 쓴 논문을 교수님께 제출해야 할 땐 상당히 주저되는 경우가 많았다. 그것은 나의 교수님이 쓴 책의 내용과 그의 강의 내용이 가끔 맞지 않는 경우도 있는 것이었다. 또는 어떤 철학자에 대해서 강의에서는 상당히 긍정적으로 평가하나 그의 저작에서는 상당히 부정적으로 평가하는 것이었다. 그래서 어느 것이 진실인지 골똘히 생각만 하다간 몇 글자 쓰지도 못하고 밤을 태우는 것이었다. 이때(!) 포도주를 마시면 용기와 담력이 생겨 자유롭게 갈겨 나갈 수 있었던 것이다. 그래서 이것을 제출하고서 일주일 후에 논문의 내용적인 수정 및 검정을 받으러 가면 "아주 잘했다"고 연발하시는 것이었다. 나는 마음속으로 "역시 포도주의 위력은 대단한 거야"를 되뇌며 집으로 돌아오곤 했다.

인간은 디오니소스적 자유를 체험해야 한다. 그는 그런 자유를 체험할 자격을 갖고 있다. 아니, 그는 자유를 체험하지 않으면 비정상이다. 이러한 자유를 통해 인간이 신의 속성을 갖고 있다는 것도 드러난다. 인간은 외부로부터 건 내부로부터 건 결박되어서는 안되고 종의 멍에를 져서는 안 된다. 어떠한 형태로든 얽매어 있는 인간은 온전할 인간이라고 할 수 없다.

테아터 광장에서의 디오니소스 축제는 겨울에도 계속된다. 겨울의 추위를 비웃듯이 성대하게 카니발이 개최되는 것이다. 바로 이 반-고데스베르크(Bad-Godesberg)의 테아터 광장이 본(Bonn)시가 펼치는 카니발의 시발점이다. 카니발은 디오니소스적 축제의 뿌리와 성격을 갖고 있다. 축제자체는 이미 미토스(신화)적이고, 이 축제를 통해 사람들은 원초적 사건에 참여하여 곧 원초적 시간을 회복하는 것이다. 축제를 통해 원초적인 사건들을 회복하는 것이야말로 하나의 성스러운 행위임에 틀림없다.

사람들은 축제를 통해 원초에 있었던 일을 재연한다. 그 옛날 켈트족과 게르만의 문화권에서 행해져 왔던 축제는 시간과 세대의 시공을 꿰뚫고서 지금도 성대히 행해진다. 사람들은 자기 민족사에 있었던 끔찍한 사건들을 재연하고 (이를테면 뿔을 단 훈족의 모습으로 '게르만 민족의 대 이동'을 재연하여 자신들의 수난사를 떠올린다.) 악신을 몰아내는 봄맞이 잔치를 벌이며, 모든 결박을 풀고 자유의 함성을 터뜨리는 디오니소스적 축제를 펼친다.

사람들은 모든 정상을 비정상으로 뒤틀고, 이성과 질서 대신 비이성과 무질서를 고의로 연출한다. 축제날의 분장에는 신분과 성분이 역행하고 남자와 여자가 뒤바뀌며 정치가를 비롯한 사회의 우두머리들이 해괴망측한 풍자의 대상이 된다. 이 축제기간엔 서민들의 평소 억눌려 왔던 감정들이 한꺼번에 터져 나온다. 기기묘묘하게 분장한 여자들이 가위를 들고 나와 남성의 권위를 상징하는 넥타이를 자르고 키스를 하며, 어떤 별난 여자들은 소시지를 남근처럼 다듬어 이마에 달고 다닌다.

평소에 좋은 공동체를 이루며 사는 데에는 합리성과 질서가 본질적이지만, 이 때문에 많은 양보와 억제며 스트레스를 쌓는 경우도 많기 때문이다. 그래서 사람들은 '얼간이 짓'(Narren)을 스스로 찾아하고 비합리성의 향수를 드러낸다.

카니발의 날들엔 관공서와 학교며 가게는 문을 닫고 온갖 공사도 중지된다. 사람들은 추위를 아랑곳하지 않고 아이들에서부터 어른에 이르기까지 형형색색과 기괴한 모습으로 가면이며 가장복을 입고 기가 막할 정도로 분장을 하여—인디안 추장이며 피흘리는 귀신, 악마며 중세의 기사, 카우보이며 베트맨, 시녀와 왕비 기타 등등— 거리로 나선다. 행차가 지나가는 거리의 주변에는 구름떼 같은 사람들이 모여 기막힌 순간을 지켜본다. 행차 위에서는 사탕이며 쵸콜렛을 무더기로 집어던지고 사람들은 와아 소리를 지르며 줍곤 야단법석이다. 온 도시가 마시고 노래하며 춤춘다. 곳곳에 소시지 굽는 냄새가 사방을 진동하고 맥주 파티가 시끌하게 벌어진다. 장미-월요일(Rosenmontag)을 정점으로 하여 이렇게 온 나라가 떠들썩하다가 수요일이면 또 다시 툴툴 털고 정상의 생활로 되돌아간다.

이토록 야단스럽게 겨울의 동장군을 물리치고 나면 조금씩 조금씩 혹독한 추위는 물러가기 시작하지만 변덕스런 날씨와 짓궂은 비도 많이 내린다. 글쎄, 그리 쉽게 봄이 와 주던가.

어느 오월 말 교회의 종소리가 우람하게 울려 퍼져 회오리로 되어서 비 갠 후의 맑은 공간을 꿰뚫고 나간다. 라일락이 요란하게 피는 오월엔 공기마저 달콤하다. 가로수 사이로 쏟아 퍼지는 종소리는 성령강림절이 왔다는 선포이어서 더욱 요란하다. 태양빛도 종소리에 뒤질세라 대지위로 쏟아 내린다. 비 온 후의 축축한 거리가 마르기도 전에 사람들은 아폴론의 축제를 벌이는 것처럼 그들의 거처를 밀쳐놓고선 거리로 나온다. 대지 위에 따사한 봄날이 번질 땐 젊은이건 늙은이건 마냥 집에서 머물러 있을 수 없기 때문이다. 테아터 광장엔 벌써 붐비는 사람들로 시끌벅적하다. 도시공간 내에서의 산책하는 사람들과 여가를 보내는 사람들은 테아터 광장의 벤취에 다닥다닥 앉아 얘기꽃을 피우고, 이 주위의 작은 가게들과 야외카페엔 마치 약속이라도 한 듯 사람들이 모이기 시작한다.

이 광장의 서쪽 구역엔 분수대도 있어 아이들이 물장난하기에 좋은 여건을 갖고 있다. 또 외국의 외교관들도 이 지역에 많이 모여 살고 있어 테아터 광장엔 이색적인 이국인들의 옷차림도 다양하다. 그러나 아이들은 국적이 전혀 필요 없는 것과 같이 서로 어울려 친하게 지내고 있다. 그들은 어느 국적의 아이든 똑 같이 비둘기의 뒤를 쫓고 즐거워하며 똑 같이 물장구를 치고 논다. 이 순진무구한 세계엔 국적이나 종교며 민족과 이념의 갈등 같은 건 존재할 필요가 없는 것이다. 문제는 어른에게 있고 어린이들은 차츰차츰 자라면서 이 문제 많은 어른들의 세계로 끌려간다.

따사한 햇살이 쏟아지는 테아터 광장의 야외카페에서 저러한 아이들의 노니는 것과 보행자들의 가벼운 모습을 보던 시간이 흐르는 줄도 모른다. 테아터 광장은 만인들을 하나 되게 한다. 남자와 여자, 어른과 아이, 내국인과 외국인, 주인과 나그네, 디오니소스적인 것과 아폴론적인 것도 하나로 된다. 테아터 광장은 이처럼 만인을 끌어안기에 뜨내기 외국인들도 많이 모여 산다.

이처럼 테아터 광장은 마치 만물을 기르고 달래는 '어머니 대지'(terra mater)의 작은 사신과 같이 생동하고 있다. 아폴론과 디오니소스가 '어머니 대지'에서 함께 하듯이 지상의 아폴론적이고 디오니소스적인 것들을 다 '가이아의 작은 뜰'(테아터 광장을 내가 부른 별명)에서 하나로 된다. 아폴론의 축복이라도 되듯 쏟아지는 햇빛은 테아터 광장의 바닥을 반사하고, 또 광장은 디오니소스적 자유를 만끽하는 사람들로 가득 찼다. 아폴론적 조형미를 갖춘 분수대의 조각상에선 디오니소스적 춤을 추며 물은 솟는다. 밤이면 테아터 광장의 보리수가 뿜어내는 향기와 라인강에서 올라온 얇은 밤안개는 밤의 아늑함을 장식하여 디오니소스적 무드를 심화시켜 가는데, 아폴론적 가로등은 이들의 섬세한 약동을 비춰낸다. 그리고 벤취 위에선 이들의 세계를 직관하고 뒤쫓느라 마치 아폴론상으로 변해 가는 고독한 사색가가 앉아 있고, 그의 사색 속에는 디오니소스적 밤을 꿰뚫는 아폴론적 직관이 있다. 그러기에 아폴론적 사변과 디오니소스적인 초탈한 자유가 아늑한 안개를 비추는 가로등에 감싸여 함께 밤을 구럭무럭 익혀가고 있는 것이다. 이처럼 아폴론과 디오니소스는 테아터 광장이라는 매개를 통하여 서로 아주 가까이 있고 상존하며 맞물려 있다.

우리는 철학자 니체(F. Nietzsche)처럼 이들 둘의 세계를 너무 상반적으로 끌고 갈 필요가 없다. 그리스 신화에서도 아폴론과 디오니소스는 니체의 이론처럼 분류되거나 굳어져 있지 않다. 니체는 자신의 이론에서 (그는 '이론'을 미워했지만 자가당착인 셈)

너무 아폴론과 디오니소스를 극단적인 상반관계로 끌고 가서는, 일방적으로 디오니소스적인 것에만 가치를 부여한다. 그래서 그에게는 아폴론이 합리주의와 주관주의의 괴수가 되고 ('개별적 원리'의 미명으로) 소크라테스도 최초의 '이론가'로서 디오니소스적인 것의 파괴자 내지는 반항자로 둔갑하게 되며 플라톤 또한 이 누명을 뒤집어쓰게 된다. 이거야말로 니체의 엄청난 오해이다. 합리주의와 이성주의며 주관주의는 근대의 질병이고, 니체와 니체 전후 시대가 앓는 홍역인 것을 소크라테스와 플라톤에게까지 뒤집어 씌워서는 안 되기 때문이다.

니체는 아폴론상을 자기 자신을 관조하고 자기고유의 내면세계에 사로 잡혀 있는 외골수적인 형상으로 묘사하지만, 그러나 아폴론적 관조는 니체의 이론과는 달리 초개인적이고 초감각적이며, 초시간적이고 초개념적인, 초월적이면서 불멸하는 영원한 형상에까지 이르는 것이다. 물론 우리 인류정신사는 아폴론과 디오니소스의 초월적이고 신적인 면을 보전하지 못하고 있으며 늘 그 타락된 모습만 만들어 내고 있다. 아폴론적인 것의 타락은 곧 근대의 합리주의와 주관주의가 그 대표적인 것이고, 디오니소스적 자유가 타락된 것은 저질문화와 저질예술에 들어 있는 방종과 혼돈이며 뒤죽박죽의 세계상인 것을 우리는 흔히 본다. 전자에게서나 후자에게서도 신적이고 초월적인 의미는 쇠퇴해 버렸고, 그 대신 안목에 펼쳐지는 굵직한 사물의 세계와 관능의 세계만으로 포장되어 있다. 게다가 위의 두 세계상은 니체가 추구한 것처럼 서로 극단적인 상반관계로 치달았기에 그 타락은 심화된 셈이다. 즉, 디오니소스적인 것과 아폴론적인 것의 상호보완은(거의 필연적임) 극단과 외골수로 빠지는 한쪽을 방지할 수 있는 것이다. 다시 말하면, 디오니소스적인 것의 타락은 아폴론적인 것의 결핍 때문이고 또한 아폴론적인 것의 굳은 옹고집은 디오니소스적인 것의 결핍 때문이다. 이러한 결핍 때문에 질병을 앓는 인간형을 우리는 세계정신사에서 쉽게 찾아 볼 수 있다.

니체는 아폴론적 예술이 조형적이고(bildhaft) 시각적인데 반해 디오니소스적인 예술은 음악적이고 청각적이라고 하지만, 이것도 너무나 니체적인 이론에 불과하다. 아폴론은 그리스 신화에서 가장 아름다운 신이고(시각적!) 하프의 명수인 것이다(음악적!). 그는 예술의 수호신인 데다, 제우스와 므네모시네 사이에서 태어난 아홉 명의 여신인 뮤즈들이 바로 그에게 딸려 있는 것이다. 그러기에 우리는 결코 아폴론에게서 음악적인 것을 빼앗아 버려서는 안 된다! 디오니소스의 음악이 피리에 해당된다면 아폴론의 경우는 하프에 해당되는 것이다. 고대 그리스에서 디오니소스의 극장은 델피에 있는 아폴론-숭배 장소에서도 결코 낯선 것이 아니다.

여기서 우리는 니체가 너무 일방적으로 아폴론과 디오니소스를 상반되게 떼어낸 것을 발견할 수 있고, 또 이것이 온당하지 않음을 안다. 또한 그가 너무 무모하게 소크라테스와 플라톤을 디오니소스적인 것의 약탈자로 치부하고는, 너무 엉뚱하게 그들을 이론가적인 형상의 아폴론상(그것도 너무 니체에 의해 조작된)으로 몰아 부친 과오를 우리는 발견한다. 우리는 니체의 이론과는 반대로 소크라테스와 플라톤에게서 철학이 '아폴론 예배'(Apollondienst)이고 동시에 '최고의 음악'(플라톤의 대화록 『파이돈』61a)이며 '뮤즈예배'(Musendienst)인 것을 발견한다. 플라톤에겐 밝은 '태양의 비유'와 어두컴컴한 '동굴의 비유'가 다 같이 이데아의 세계를 해명하고 있다. 그에게는 로고스의 세계와 미토스의 세계가 (신화 한 토막으로 끝을 맺는 그의 대화록의 성격을 생각해 보라!) 함께 살아 움직인다.

그래도 플라톤에게서 디오니소스적인 면이 부족하다고 생각하는가? 그가 그의 『국가』에서 시인들을 비판했다고? 이걸로 핑계를 삼는다면 정말 철학에 까막눈이다. 신들의 질투와 증오, 도둑질과 복수, 살인과 강간에 대한 서사시가 교육용으로 될 수 있겠는가? 또한 신들은 과연 그들의 초월적인 능력으로 이런 부정한 짓을 일삼겠는가? 철인들은 그럴 순 없다고 하지만 우리는 여기서 그 어떤 형이상학적인 답을 고집하지 말자. 플라톤은 그러나 시인이다 — 그것도 더욱 높은 차원에서!

디오니소스적인 것을 플라톤에게서 더욱 더 찾고자 한다면, '이성적'인 도구로 포착이 다 되지 않는 그의 '이데아의 세계'로 방향을 돌려보아라. '이데아의 세계'로의 방향전환이나 충동을 위해선 이미 에로스(Eros)적 충동과 디오니소스적 열광("Enthusiasmus"!)이 시발점에서부터 전제된다. '이데아의 세계'에로의, 참된 실재의 세계에로의 방향전환에는 어떤 이론적이고 합리적인 방법으로 해부될 수 없는—신적 은총과도 같은 ("theia moira"!)— 힘이 작용된 것이다. 신적인 에이도스를 포착하는 것은 오히려 합리적인 도구를 모두 짓뭉개어버린 광기(mania)로 가득 찼다. 그럼에도 플라톤더러 디오니소스적인 것의 약탈자로 오해한다면 그거야말로 천박의 광란이다.

위대한 시인들과 화가들에게서 디오니소스적인 것과 아폴론적인 것이 잘 융화되어 있는 현상을 우리는 목격한다. '궁핍한 시대에서의 시인'(철학자 하이데거가 시인 횔더린을 칭한 말)은 '디오니소스의 사제'이면서 '성스러운 불의 파수꾼'이고, '어두운 세계의 밤'(Weltnacht)을 꿰뚫어보면서 태양의 신 휘페리온(Hyperion)을 노래한다. 그는 '성스러운 밤'에 신들의 도래를 눈치 채게 하는 에테르를 더듬어보면서 또한 억센 태양의 광휘를 목격한다.

헤르만 헤세는 자신을 시인이 되도록 하는 데에 횔더린의 시(詩) '밤'이 그 원동력을 일으켰다고 고백한다: "나를 시인이 되게 만들어준 한 순간이 다시 떠오른다. 나는 내 생애에서 가장 매혹적이며 가장 아름다운 것, 무엇인가 신비로운 것을 만나게 되었다. 그것은 횔더린의 시(詩) '밤'이었다."

또 『밤의 찬가』에서의 시인 노발리스는 밤만 찬미하는가? 결코 그렇지 않다. 그는 우선 희열에 가득찬 빛을—온갖 색채와 광선과 파장을 띤— 노래한다. 오직 빛이 있는 곳에 풍만한 세계의 경이로운 영광이 있음을 노발리스는 『밤의 찬가』 제 1편에서 읊고 있다. 빛은 노발리스에게서 모든 지상의 생명체들에게 뿐만 아니라 사물과 무생물에게까지도 생명의 요소가 된다. 즉 빛은 만물에 생명력과 영혼을 불어넣어 주는 위력으로서, 이 빛의 세계는 곧 신이 내재하는 계시의 세계이다. 빛의 세계야 말로 '황금시대'를 나타내고 모든 존재의 원초적 고향인 '동화의 세계'를 나타낸다.

그렇다면 빛이 사라진 세계는 우선 어둠의 세계요, 황량하고 고독한 죽음의 세계와도 같다. 그러나 이 밤의 세계는 섬세한 영혼을 일깨운다. 밤을 통해 자아는 정서의 내면을 꿰뚫어보는 눈을 뜨게 한다. 밤은 따라서 영혼과 영원한 정신세계를 열어주는 보이지 않는 위력을 갖고 있다. 그리하여 밤은 창조적인 세계의 어머니이다.

또한 우리의 빈센트 반 고흐는 강렬한 태양(빛)과 색채의 화가로 잘 알려져 있다. 노랗고(<해바라기>, <밀밭>, <수확> 등등) 푸른 색채는 그의 그림에 많이 등장한다. 그는 발광하는 별빛의 광휘를 영원에 비유하고 있다: "옛날 화가들은 영원의 상징으로 인물 뒤에 후광을 그리곤 했는데, 이제 우리는 광휘를 발하는 선명한 색채를 통해 영원을 표현해야 한다."(『영혼의 편지』에서).

그러나 고흐에게서는 어두운 색깔의 위력도 곳곳에 드러나 있다. <별이 빛나는 밤>이나 <폭풍이 몰아치는 슈브닝겐 해안>, <황혼무렵의 루스두이넨 농가> 등등에도 절묘하게 밝은 노란색과 어두운 색채가 조화하고 있는 것이다. 따라서 그에게도 밤은 소외되지 않는다. 그는 동생 테오에게 보낸 편지에서 밤의 자연으로부터 받은 감동을 다음과 같이 얘기한다: "내가 아팠던 동안 비와 함께 눈이 왔나 보더라. 풍경을 보기 위해 밤에 침대에서 일어났다. 한번도, 결코 한번도 자연에서 그토록 가슴 아프고, 그토록 감동적인 인상을 받아본 적은 없다."(『영혼의 편지』에서).

우리는 횔더린과 노발리스며 반 고흐를 통하여 빛과 어둠의 세계가, 아폴론적인 것과 디오니소스적인 것이, 결코 어떤 적대적인 관계에 놓여있는 것이 아니라, 오히려 절묘하게 조화하고 있음을 목격한다.

철학은 아폴론적인 것과 디오니소스적인 것뿐만 아니라 그 어떤 또 다른 세계가 등장해도 항상 '모든 존재자의 통일체'를 추구하고 또 이 통일체에로 질주한다. 아폴론과 디오니소스, 빛과 어둠, 선과 악, 신과 인간, 천사와 악마, 하늘과 땅, 초월과 내재, 정신과 자연, 초개념과 개념, 하나와 전부(Hen kai Pan), 로고스와 미토스, 존재와 무, 영혼과 물질, 기타 등등 그 무엇이라도 철학의 장(場)에 등장하고 만나며 갈등하고 또 융화한다.

니체의 이론과는 달리 아폴론에게 음악이 있는 것처럼 디오니소스에게도 아폴론적인 태양이 들어있다. 디오니소스는 불과 물의 아들이다. 모든 것을 태워버릴 듯이 강렬한 태양열로 열매를 맺고, 또 서늘한 이슬을 맞고서 달콤하게 익어 가는 포도는 그의 화신이다. 그리스적 비극엔 조형적이고 비조형적이며 디오니소스적이고 아폴론적인 것이 서로 융해되어 있다.

테아터 광장은 아무 말도 않은 채 많은 세월에 걸쳐 나를 키워 왔다—'어머니 대지'가 하는 일을 보여주기라도 하듯. 내가 이 낯선 이국땅에서 뿌리를 내리고 삶의 공간을 만들어 나가는 데에는 얼마나 어려웠던가. 그야말로 제로(zero)에서 시작하는 마음으로 삶의 여로를 시작했었지. 항수는 고개를 내밀었고, 그때의 현실은 안정되어 있지 않았으며 불확실한 미래 또한 고약한 얼굴상을 하고 있었지. 그렇지만 그때 테아터 광장에서 오가며 곱씹었던 고독은 세월이 지나면서 조금씩 성숙으로 탈바꿈되어간 모양이다.

물론 그때도 디오니소스적이고 아폴론적인 두 세계의 대립사이에서 갈팡질팡하고 오락가락하는 에밀 싱클레어(H. 헤세의 『데미안』에 나오는 인물)와 같이 나이가 어리지는 않았었다. 데미안을 만나느냐 혹은 카인을 만나느냐에 따라서 운명이 바뀌는 그러한 싱클레어는 아니었다. 그러나 내가 찾아가고자 하는 세계를 위해서는 데미안의 말처럼 알을 깨고 태어나야 하며 그 '알을 깨는 아픔'을 감수해야 했었다.

내가 이 이국땅으로 왔을 때 나는 이미 여로를 바꿔서 새로운 항해에 들어섰고 또 동시에 출항하는 배에 올랐다. 나의 도전과 세상으로부터의 도전 사이에서—또 다른 두 세계— 씨름하면서 나는 무수한 또 다른 세계를 낳으며 항해하는 것이었다.

세월이 흐르면서 내가 내 자신에 대해 느끼는 것도 달라져 갔다. 인생의 여로에 평탄한 봄바다만 나타나기를 기원했던 그 옛날과는 달리, 성난 파도가 와도 항해할 수 있다는 신념으로 두장되어 간 것이다.

또 많은 세월이 지나서 내가 계획했던 항해를 마치고 이 테아터 광장과 작별해야 했을 땐 얼마나 아팠던가. 귀국하기 전 이 정든 테아터 광장을 수없이 돌며 뜨거운 작별인사를 쏟아 부었지만, 또 다시 새로운 항해를 해야 하는 것이 인생인지 ……. 그러나 '제2의 고향'이라는 서약은 결코 지워지지 않을 것이다.

아카데미의 날에 울려 퍼진 대금연주

정신의 유기체로서의 예술

'아카데미의 날'(dies academicus)은 하나의 특별한 날이다. 독일의 각 종합대학은 한 학기에 한번씩 아카데미의 날을 정하고 일반 시민에게 공개한다. 국민의 세금으로 대학이 운영되므로 어쩌면 온당한 처사인 것이다. 그러나 무엇보다도 관심이 있는 사람들에게 대학의 문을 활짝 열어서 일반 시민이 아카데미사회며 대학교수와 접할 수 있다는 것은 좋은 문화로 보인다. 대학 당국은 성실하게 여러 행사를 준비하고 경륜 있는 교수들이 맡은 특별한 강의는 시민들에게 좋은 호응을 얻고 있는 것이다.

나는 이날 우연히 교정을 지나가다가 '아카데미의 날'에 있는 특별한 프로그램 중에 한국의 전통음악에 관한 소개와 연주가 있는 것을 보았다. 여기에는 대금연주도 있다는 것이 명시되어 있었다. 이웃도시 쾰른에 있는 동양박물관 중 한국박물관 측에서 주관한 행사였다. 예기치 않은 소식에 나는 의아해하며 이 특별한 강연 겸 연주회가 열리길 기다렸다. 행사가 열리는 곳은 이 대학의 본관 건물이자 인문대학 내의 연회강당(Festsaal)으로서 중요한 행사를 위해서 특별히 아담하게 꾸며져 있는데, 때론 유명한 교수들의 강의실로도 사용되고 있다. 시작되려면 아직 한 시간이나 기다려야 하는데 벌써 많은 사람들로 가득 찼다.

언제부턴가 나는 많은 유럽인들이 동양의 예술세계나 문화며 자연에 이르기까지 상당한 관심을 갖고 있는 것을 알았다. 내가 세바스티안가(Sebastianstrasse)에 살았을 때 독일 사람들은 내 이웃 방에 사는 한국인 화가에게 와서 묵화를 배우기를 열망했고 또 대학의 동양학세미나에는 많은 사람들이 열성적으로 동양문화에 탐닉하고 있다. 독한협회며 퇴계학회에는 또 한국문화에 푹 빠져 동분서주하는 문화전도사들이 얼마나 많은가. 유럽의 식자들 중에는 이제 다른 문화에 대해 열려 있는, 특히 동양문화를 새로운 차원에서 조명하는 사람들이 많이 늘었다. 이들 중에 어떤 이들은 이때까지 인류문화사에서 자기네 유럽인들이 무리하게 문화와 발전의 척도를 정하고는, 그것이 마치 세계 내에서 보편적인 가치를 갖는 것처럼 가장하는 과오를 범했음을 깨닫는 이도 많다.

오늘 여기에 앉아 설렘으로 개막을 기다리는 사람들은 동양문화에 대한 단순한 호기심의 차원을 훨씬 넘는 것처럼 보인다. 이 얼마나 다행스런 일인가! 각 나라와 민족이 그들만의 문화와 예술을 고집하고 세력화한다면 얼마나 어처구니없는 일인가. 오늘날 식자들 중에는 동서양을 마치 청군과 백군처럼 나눠서 이를 대결구도로 끌고 나가는 꼴불견들이 얼마나 많은가. 문화도 예술도 결국 인류의 보편적인 것인데, 이를 추구하는 과정에서 빚어지는 외형적인 양식이나 방식을 본질적인 것으로 오해하는 사람들이 세상무대를 대결구도로 편 갈라서 오히려 보편적인 것이면서 본질적인 것을 덮어버리고 누추하게 만들어 버리는 것은 아닌가. 이렇고 저런 모양새를 갖춘 동양음악이니 서양음악이니 하는 것은 보편적인 예술혼에 견주어 볼 때 밖으로 드러난 개별적이고 특수한 것임에 불과하다. 이것을 가지고 마치 숙명처럼 '나의 음악'이고 '너의 음악'이며 또 더 나아가 "내 것이 더 좋고 네 것은 덜 좋다"는 청군-백군 식의 대결은 얼빠진 얘기임에 틀림없다. 더구나 어떤 개별적인 예술형태는 그것이 처음에 정립될 때 거의 우연에 가깝게 그런 정립을 한 사람들에게 달려 있었기에, 숙명적으로 지금처럼 되어야 할 이유가 없는 것이다. 즉 말하자면 어떤 지역의 음악은 그 양식이나 모양새에 있어서 지금의 것과 다를 수도 있(었던)는 것이다. 문제는 누가 맨 먼저 어떤 예술의 양식이나 악기의 종류를 만들어 냈고 또 누가 그 뒤를 이어 길들였나에 거의 전적으로 달려 있는 것이다. 그래서 오늘의 이렇고 저런 악기와 예술양식은 숙명처럼 필연적으로 이같이 되는 것이 아니라, 처음 길을 열고 또 닦은 사람들에게 달려 있는 것이다. 물론 거기엔 어떤 지역이 이렇고 저런 악기와 예술양식을 택하게 된 경향성이 어느 정도 존재했을 것이다.

여러 다양한 음악은 결국 보편적인 음악-예술이 밖으로 드러난 모습이기에 이들은 고귀한 것임에 틀림없다. 그러기에 다양한 음악들은 저 예술혼을 구체적으로 현상의 세계에 드러내는 기관들로서 편파 없이 다 소중히 여겨져야 한다. 다들 귀중한 도구이므로 우리는 이들을 갖고 무모한 우열싸움을 벌이는 소꿉놀이를 해서는 안 된다. 그러나 세상은 예술이나 문화뿐만 아니라 거의 모든 부분에서 청군-백군 식의 파벌장난을 벌이고 있다. 이런 현상은 고매하고 성숙된 경지에 이르지 못한 사람들이 빚어내는 촌극인 것이다.

마치 동양인이나 서양인이 '인간'이란 보편 속에서 통일을 이루고 하나가 되는 것처럼 동양음악과 서양음악도 결국 예술혼 속에 하나 되어 통일을 이루는 것이다. 이러한 음악의 보편적인 성격을 뒷받침하기라도 한 것처럼 이 강연장에는 예술을 사모하고 즐기려는 사람들로 가득 찼다. 악기나 음악양식은 다르지만 아름다움이 현실화되는 데에는 전혀 이론(異論)의 여지가 없다는 태도를 이들은 갖고 있을 것이다. 이같이 보편성을 추구하는 것을 계속한다면 우리는 음악뿐만 아니라 다른 여러 분야에서도 아름다운 조화를 이룰 수 있을 것이다.

뮤즈는 예술의 혼령을 불러내는지…

나의 이러한 여러 상념들이 머릿속을 나뒹굴고 있었을 때 어느새 강연과 연주가 시작되는 셈인지 사람들은 갑자기 조용해졌다. 박수를 치는 소리가 잠시 퍼지고 난 뒤에 주위는 기대와 긴장감으로 감돈 분위기로 변했다. 슬라이드로 한국의 예술세계를 강연과 함께 소개하여 흥미진진한 분위기를 고조시키고, 곧 이어 대금연주에 들어갔다.

엄숙과 진지와 아름다운 선율이 사람들의 넋을 다 빼앗아 버렸는지, 주위는 점점 침묵 속으로 가라앉기 시작했다. 사람들은 대금을 보자마자 신비스런 악기에 대한 감탄으로 오히려 기가 죽은 듯이 의아해 했었다. 오늘 연주하는 대금은 보통 국내에서 보는 대금과는 전혀 다른, 특수하게 제작된 대금이었다. 굵은 대나무의 뿌리부분이 달렸고, 길이는 약 80cm에다 두께도 보통 대금의 네 배가 되는 큰 대금이었다. 그래서 이 악기는 오히려 클라리넷보다 좀 더 길고 두꺼워 보였다. 그리고 음색도 이상하게 보통의 대금과 클라리넷의 음색을 섞은 소리로 들린다. 게다가 소리도 클라리넷처럼 크게 들려 이 강당의 구석구석까지 청명하게 들렸다. 이 신기한 자연물에서 아름다운 선율이 나오자 사람들은 신비로움에 감전되었는지 응고된 표정이었다.

나는 그때 사람들의 넋을 빼앗아버린 이 음악의 제목들을 안타깝게도 더 이상 기억하지 못하고 있다. 사람들은 자신들의 음악이론으로서는 규명하기 힘든 이 특이한 음악에 숨을 죽였다. 예술혼을 일깨우는 비밀스런 이 음악의 마력적 특징을 규명하기에 앞서 우리는 침묵이라는 것이 하나의 신비한 음악적 도구로서 깊은 지반에 놓여있음을 감지할 수 있다. 침묵을 뽑아내는 이 선율은 또 침묵을 아름답게 채색하여 뜨거운 침묵으로 이 강당을 장악하고 말았다. 그것은 차가운 침묵이 아니라 오히려 뜨거운 침묵으로서 영혼 깊숙이 파고들어 잠자는 예술혼에 불을 지피는 침묵이었다. 침묵은 보통 가라앉고 뒤처지며 어둡고 차게 묘사된다. 그러나 "침묵은 최고의 계시"라는 노자의 금언은 (이 말은 독일어로 번역되어<Die Stille ist die hoechste Offenbarung> 한때 본<Bonn>대학교의 철학과 도서관에 걸려 있던 노자의 금언이었다.) 그 첨예화된 패러독스의 진리를 밝게 드러내어 준다. 이러한 침묵은 그러나 퍽 은은한 위력을 갖고 있어서 이를테면 천년동안이나 잠자는 숲 속의 미녀를 깨우는 비밀스런 왕자의 키스와도 같이 까마득한 태곳적부터 있었던, 그러나 유럽문화와 함께 차츰차츰 망각되어져 간 침묵의 예술혼을 다시금 일깨우는 신비스런 의약으로 보인다. 사람들의 눈은 난생 처음 괴이한 것을 목격한 것이라도 하듯 특이한 표정을 하고 있었다. 대금에서 우러나는 특이한, 깊고 그윽하며 침묵을 지배하고 또 침묵에 이끌리는 곡조에 사람들은 매도되고 말았던 것이다.

침묵을 꽃으로 변화시키는 이 대금의 마력에서 예술세계에 풋내기인 나로서도 어떤 황홀의 낌새를 알아차렸다. 그리고 어느덧 이때껏 신비롭게 들리기도 하고 의구심으로 남아있던 '정신의 유기체'(Organ des Geistes)로서의 예술에 대한 개념이 어렴풋이 풀릴 것 같았다. 예술혼이 담긴 음악은 살아 있는 가이스트를 드러내 보이는 유기체임과 동시에 또 이 가이스트의 얼굴이다. 악기는 음악을 드러내고 음악은 가이스트를 드러낸다. 예술 속에는 가이스트의 암호가 묻혀 있는 것이다. 성스럽고 아름다운 예술일수록 (그리고 이것을 깨닫고 또 받아들이는 것 속에) 생동하고 강하며 신적인 가이스트가 존재함이 확인되는 것이다. 골수 깊이 스며들어 영혼을 뒤흔들고 감동시켜 사람을 변화시키는 위력은 곧 살아 있는 가이스트의 활동인 것이다. 오르페우스의(Orpheus)의 시와 음악에 산천초목이 울고 황천나라의 염라대왕마저 감동되어 오이리디케(Euridike)를 하데스의 지하에서 끌어올릴 수 있었던 것은 바로 가이스트의 마력인 것이다. 이렇게 볼 때 아름다운 예술은 곧 불멸하는 신적인 세계를 드러내기도 하고 또 그러한 세계로 고양시키기도 하는 기관인 것이다. 그러기에 그것은 불멸하는 이데아를 실현하는 미메지스(mimesis)이고 또한 '초월자의 암호'(K. Jaspers)인 것이다. 이렇게 될 때 예술의 경지는 '아름답다'거나 '사랑스럽다'의 차원을 넘어 성스러운 경지로 향한다.

나는 한편 이러한 상념에 사로잡혔으면서도 다른 한편 이 연주되고 있는 음악의 위력에 사로 잡혀 묘한 감동에 빠져들었다. 예전에 미처 몰랐던 이 아름다운 동양음악의 세계가 오늘 나를 왈칵 뒤집어 놓은 것이다. 그런데 주위를 살금살금 훔쳐 본 결과, 이 청중들도 그런 묘한 표정을 짓고 있다. 그들은 왜 이토록 아름다운 악기와 선율이 그들에게 잘 알려지지 않았는지를 골똘하게 생각하고 의아해하는 태도이다.

그들 중에는 작곡가 윤이상님을 통하여 동양음악의 예술세계에 접하고 반한 사람도 더러 있을 것이다. 이 천재적인 음악가는 그의 작품세계를 통하여 동서양 음악을 접목했다. 이 예술세계 속에선 서양의 악기로 연주되더라도 동양의 예술혼과 정신이 섞여 나오는 것이다. 그러나 여기에 앉은 청중들 중에는 동양음악에 대한 호기심을 가졌으나 사전에 그것에 대한 상식을 못 가진 사람들도 있을 것이다. 그러나 어쨌든 이들은 일반 극장에 모여든 사람들과는 달리 음악에 대한 각별한 애호심과 수준 높은 상식을 갖춘 사람들로 보였다. 이들은 너나 할 것 없이 가이스트의 도구인 음악이 내뿜는 위력과 마력 앞에 각별한 애정과 주의를 기울이는 사람들일 것이다.

그래서 우리는 이 가이스트의 위력(자기 자신이 살아 있고 생동하며 또 삶과 생동과 위력을 부여하는)이며, 음악이 가이스트의 얼굴이라는 것과 또 이러한 음악이 동서양의 울타리를 초월하여 보편적인 가치를 드러낸다는 것을 확인할 수 있을 것이다. 특히 이 보편적인 가치 앞에서 동서양이 따로 분리되지 않는다는 것을 알 수 있는데, 서로 다른 악기나 음악양식은 본질적인 것이 아니라 본질을 위한 서로 다른 도구일 따름이라는 것을 우리는 통찰할 수 있다. 이러한 보편의 위력으로 말미암아 동서양은 현상적인 분리를 극복하고 하나가 되는 것이다.

대금연주는 이제 끝났다. 침묵 앞에 사로 잡혔던 감동과 이때껏 참아 왔던 경탄이 이제 환호로 한꺼번에 터져 나온다. 갑자기 강당은 폭발을 하는 느낌이다. 사람들의 예기치 않은 반향과 분위기에 연주자도 오히려 낭패스런 표정을 짓는다. '쭈가베'(앵콜)라는 소리 또한 억세어서 연주자는 야구방망이 같이 긴 대금을 들고 몇 번이나 왔다 갔다 하면서 이 앵콜에 응했다. 이렇게 해서 몇 번이나 침묵의 예술과 환호가 서로 뒤바뀌어가며 다투다가 이윽고 연주는 끝을 맺었다.

그런데 사람들은 이제 밖으로 빠져나가질 않고 서로서로 자신들의 감동을 쏟아내며 대화의 열을 붙이기 시작한다. 단순히 예술애호가의 차원을 넘어 살아서 생동하고 인간을 변화시키는 예술의 위력을—그래서 예술이 '정신의 유기체'라는 것이다— 이해하는 사람들이 그 감탄에 못 이겨 아쉬워하는 모습을 보는 것은 또한 얼마나 기쁜 일인가! 대화를 나누는 데에 정신이 빠져 나는 저 대단한 연주자에게 인사와 고마움을 전하고 그토록 감동의 도가니로 몰아넣은 음악들의 제목이라도 묻는 일조차 놓쳐버리고 말았다.

하이델베르크

1. 동화 같은 마을

'동화 같은 마을'을 떠올릴 때 나는 기꺼이 하이델베르크를 예로 든다. 물론 북부독일의 평원 속에 파묻힌 작은 도시들이나 키일(Kiel)과 같은 호반도시며, 남독일 슈바르츠발트 근처의 도시들, 알프스를 주변으로 한 도시들에서 우리는 쉽게 동화 같은 마을을 목격할 수 있다. 그러나 자연적이고 지형적인 조건만으로 '동화 같은 마을'은 탄생되지 않는다. 그것은 인간의 정신과 문화, 예술과 건축 등으로부터 우러난 아기자기한 삶의 양식과 절묘한 조화를 이루는 가운데에서 탄생되기 때문이다. 그것은 아름다운 자연의 조건과 인간의 넋이 절묘한 공동체를 이루는데서 가능해진다. 하이델베르크는 이러한 조건을 넉넉하게 충족시킨다. 혼이 배어있는 역사와 전통, 고풍이 서려있는 건물들, 자연에 폭 쌓인 아담하고 아름다운 모습, 독일에서 최고로 오래된 대학 중의 하나인 하이델베르크대학, 독일 낭만파의 한 지류를 이루는 '하이델베르크 낭만파'의 중심지, 도시의 심장부를 꿰뚫고 흘러가는 작고 예쁜 넥카강 등등 얼마든지 '동화 같은 마을'을 이루는 요소는 많다.

넥카강변의 하이델베르크

넥카강변에는 또 얼마나 아름다운 정원들과 포도원, 고풍이 서려있는 고성(古城)들로 가득 차 있는가. 어찌 이러한 곳에서 낭만파의 인물들이 안 나올 리 있을까. 갠지스가 성스러운 강물로서 자기를 찾는 이들에게 세례를 베풀듯이, 또한 아마존이 그 원시의 위용으로 숲을 가로지르면서 그 원초적인 자연의 위력을 펼쳐내듯이 넥카는 그 아름다운 자태를 뿌려 수많은 시인과 '하이델베르크의 낭만파'를 키워내었다.

『황태자의 첫사랑』은 하이델베르크가 아니면 쓰여질 수 없는 작품이다. 카알 하인리히는 비록 황태자였지만 인생엔 까막눈이라, 이곳 하이델베르크에서 새로 태어나 인생에 눈을 떴었다. 그와 호프집의 케티는 넥카강변에서 청춘과 낭만이며 인생과 자유를 발견했던 것이다. 넥카강은 그들에게 사랑을 이어주었고, 어두운 밤의 뱃놀이에서 그들은 사랑에 눈을 떴다.

카알 하인리히가 왕위계승의 문제로 고향 칼스부르크로 돌아가 2년쯤이 지난 어느 날 하이델베르크의 추억에 사로잡혀 견딜 수 없었을 때, 짜증스런 궁정생활을 벗어 던지고 번개같이 하이델베르크로 향했던 것이며, 또 옛날처럼 그윽한 밤에 배를 타고 케티를 만나는 것을 보면 이들은 (또한 누구도 그렇듯이) 하이델베르크와 넥카강이 베푼 꿈과 추억 속에 살았던 것이다.

이들이 얼마나 넥카강에 감탄했는지 그리고 『황태자의 첫사랑』의 저자가 어떻게 넥카강을 수식하고 있는지 한 대목을 인용해 보자: "멀리 오덴바르트의 산들이 밝은 5월의 프르름에 싸여 있었다. 그리고 마을 건너에 유유히 드러누워 은빛으로 흐르고 있는 넥카강이 한층 더 아름다웠다. 둘은 입을 모아 말했다. '넥카강이다.' 그들은 잠시 동안 강의 상류를 바라보기도 하고 하루에 시선을 던지기도 하면서 말없이 서있었다. 넥카강이다. 울란트가 태어난 슈타우펜가의 슈바벤에서 흘러내리는 것이다. [···] 넥카강은 그리하여 하이델베르크에 이르러 다시 라인평야로 흐르고 있다. 넥카강은 지도에도 나타나있듯이 만하임에서 끝나는 게 아니고 하이델베르크에서 끝나고 있는 것이다. 독일의 다른 강과는 달리 동화적인 미(美)의 광채 속에서 끝나고 있는 것이다."[16)]

또 어느 조용한 오월에 카알 하인리히는 넥카강변의 한 정원에서 아름다움과 행복감에 도취된 나머지 마냥 감탄만 쏟아내고 있다: "공자(카알 하인리히를 말한다)는 편안하게 의자에 걸터앉

16) W. Meyer-Foerster(왕수영 역): 『황태자의 첫사랑』, 68쪽, 청독.

아 테이블에 팔꿈치를 괴고 머리를 감쌌다. 그가 이 세상에 태어나 이토록 행복에 젖어본 일이 있었던가. 이틀 동안에 일어났던 여러 가지 일들이 그를 향해 엄습해왔다. 거기에는 어떠한 잡음도 섞여있지 않았다. 모든 것은 조화를 이루면서 오로지 행복이란 짜릿한 기쁨으로 울려오는 것이었다. 케티, 자유, 하이델베르크, 넥카강, 옛 성, 봄, 황금빛의 미래— 오직 하나의 환희와 도취로써 그의 가슴깊이 스며드는 것이었다."[17]

삶의 여로가운데 이러한 곳에서 자연과 낭만에 폭 빠져 젊음과 인생을 재발견한다는 것은 얼마나 고귀한 일인가! 비록 화살같이 지나가는 인간의 삶이라고 하지만, 비록 덧없이 흘러가는 구름 같은 또는 잠시 빛났다 사라지는 아침이슬로 비유되는 것이 인간의 삶이라고 하지만, 삶의 여로가운데서 어떤 순간에 닻을 내리고는 삶의 의미를 찾고 자신의 존재의미를 찾는다는 것은 얼마나 바람직한 일인가. 그러나 이와는 반대로 아무런 닻을 내리는 순간도 없이, 그야말로 날아가는 화살처럼, 흐르는 구름과 아침이슬처럼 삶을 끝낸다면 얼마나 허무한 일인가! 인간이 그저 다른 생명체와 다름없이 그냥 지상으로 와 살다가 생성소멸의 법칙에 따라 사라지는 것으로 자신의 삶을 끝장낸다면 이 얼마나 고통스런 일인가.

그러나 다행스럽게도 이 하이델베르크의 나그네는 상념에 사로잡혀 무거운 발걸음을 옮기며 어떻게 동화 같은 마을이 탄생되는지 곱씹어본다. '동화 같은 마을'은 그러나 동화에만 있는 것이 아니라 가꾸기 나름일 것이다. 그것은 인간이 성스러운 자연과 어떻게 조화하는가가 그 가능성의 관건인 것이다. 자연과 조화하고 자연에 맞추는 데는 자연을 닮은 순박한 사람들이 마을을 건립하든지(그러면 자연스런 마을이 생길 것이다), 또는 자연

17) 앞의 곳, 70쪽.

을 이해하는 철학적(미학적) 감각의 바탕 위에서 마을을 세워야 한다. 또한 자연 속에는 질서도 있으므로 우리의 마을 가운데에는 이웃과 마을 전체적 견지에서 질서와 조화가 있어야 한다.

예술적 감각이 없는 세계, 철학적 미학이 없는 건축물, 자연을 등지고 인위만 증폭시킨 건축은 결국 흉측한 도시를 만들어낸다. 한마디로 건축가에게 예술이 없다거나 또한 예술가에게 예술철학이 없다면 '동화의 마을'은 탄생되지 않을 것이다. 따라서 건축물의 탄생에는 예술적 감각이 전제되어야 하고, 또 이 예술적 감각의 전제엔 철학적 미학이 선행되어야 하는 것이다. 상업자본주의적인 땅 투기며 건물투기와 부동산산업에만 눈독이 올라있는 서울과 같은 대도시들, 게다가 부실 날조공사, 빈약한 예술감각과 전무한 철학적 미학으로 흉측한 도시를 땜질해 가는 건축행정가들(정치가들)은 '유령의 도시'를 만들어내는 악당들이다. 이런 곳에서 '동화의 마을'이 탄생되기는 만무하다.

II. '철학자의 길'

'철학자의 길'(Philosophenweg)이란 이름은 참 특이하다. 어떻게 된 연유에서 이런 이름이 도시의 도로이름에 붙여졌을까. 하기야 멋대로 도로의 이름은 붙여지는 편이지만, '철학자의 길'이란 이름은 그런 이름들처럼 아무렇게나 주어지지는 않는다. 그것은 철학과 철학의 지혜가 세상 가운데서 빛을 발할 때, 사람들이 이 철학과 철학의 지혜에 경각심으로 귀를 기울일 때 그 표징으로서 이러한 이름이 부여되는 것이다. 철학이 '만학의 여왕'(아리스토텔레스의 용어)[18]이고 "철학자[19]가 국가의 통치자여야 한다"는 그리스 현인들의 설파를 오늘날 알아듣는 사람은 거의 없을 것이다. 그러나 오늘날 도시 내에서의 '철학자의 길'이란 도로의 이름으로나마 추모를 한다는 의미도 들어있다.

옛날로 거슬러 올라가자. 옛날 쾨닉스베르크의 칸트는 오후 3시 반에 어김없이 회색 연미복을 입고 스페인제 지팡이를 들고서 마을의 보리수가 늘어선 길을 따라 산책을 했었다. 그는 쾨닉스베르크의 시민들이 그의 산책시간에 자신들의 시계를 맞출 정도로 엄밀한 시간관념을 갖고 살았었다. 그를 추모하기 위해 칸트가 산책했던, 보리수가 늘어선 그 길을 사람들은 '철학자의 길'이라고 명명했다.

하이델베르크에 있는 '철학자의 길'도 이와 비슷한 맥락에서 명명되었다. 하이델베르크대학의 교수이며 철학자가 이 길을 산책한데서 그 이름이 붙여진 것이다. 그리고 이 길은 아직껏 유럽에서 가장 아름다운 산책로의 하나로 꼽히고 있다. 오래 전부터 하이델베르크대학은 철학으로 유명했다. 수없이 많은 철학자들이

18) '여왕'이란 말은 곧 '철학'이란 명사가 여성형이기 때문이다.
19) '철학자'란 그리스말로 '지혜를 사랑하는 자'이다.

하이델베르크에 터전을 잡아 활동했다. 그 중에는 우리에게 잘 알려진 헤겔이나 카알 야스퍼스며 가다머(H.-G. Gadamer)와 같은 철학자들이 있고, 또 독일에서는 이들에 결코 못지않은 고대철학자 첼러(Eduard Zeller)와 호프만(Ernst Hoffmann)이며 크뤼거(Gerhard Krueger)를 비롯한 뛰어난 근세철학의 해석자인 쿠노 피셔(Kuno Fischer), 신칸트학파의 거장들인 빌헬름 빈델반트(W. Windelband)와 하인리히 리케르트(H. Rickert), 이 외에도 에밀 라스크(Emil Lask), 리하르트 크로너(R. Kroner), 기오르그 루카치와 같은 저명한 철학자들이 하이델베르크대학을 빛내었다.

한마디로 이 작고 아름다운 도시의 오래된 대학은 철학으로서 세계정신사에 이바지한 바가 크다고 할 수 있을 것이다. 그러기에 위의 칸트의 경우와 비슷한 '철학자의 길'이 탄생될 충분한 근거가 있는 셈이다. 헤겔은 이 도시에서 자신의 철학세계를 개괄적으로 설명한 『엔찌클로페디』를 완성했고 또 '하이델베르크의 낭만파'와도 새롭게 조우했던 것이다. 헤겔은 예나(Jena)에서 그의 옛 친구인 셸링과는 달리 낭만파에 반발을 느끼고 있었지만, 이제 하이델베르크에서 낭만파의 정신에 새롭게 접근했던 것이다.

헤겔은 괴레스(J. von Goeres), 아르님(Achim von Arnom), 클레멘스 브렌타노, 아이헨도르프(J. von Eichendorff), 크로이쩌(Georg-Friedrich Creuzer) 및 장 파울(Jean Paul)과 같은 낭만파의 거장들과 교제를 가졌었다. 예술의 '현상'은 그의 『정신현상학』에서 살아있는 정신의 한 유기체로서 나타났다. 철학과 종교와도 같이 예술은 정신을 드러내는(정신이 살아서 활동하는 것을 밝히는) 하나의 유기체인 것이다. 여기에 헤겔 미학의 심오함이 들어있다. 또 야스퍼스와 가다머의 경우는 어떠한가. 그들은 실존철학과 해석학에 어마어마한 기여를 했던 것이다. 야스퍼스의 강의엔 독일에서 가장 많은 수강생이 운집했다는 일화가 전해지고 있다. 또 앞에서 언급한 수다한 철학자들도 시대의 흐름을 꿰뚫고 정신세계에 귀를 기울이는 사람들의 마음속에 살아 움직이고 있는 것이다.

'철학자의 길'은 자연스레 하이델베르크의 관광코스로 되었다. 넥카강물의 흐르는 방향을 따라 길게 놓여있고, 도심에서 발원하여 숲 속으로 향하면서 꾸불꾸불한 모양을 하고 있다. 이토록 도심에서 시작하여 강물이 흐르는 방향을 좇아가다가 숲 속으로 방향을 돌리는 '철학자의 길'은 어떤 철학적인 뉘앙스를 품고있는 듯하다. 이를테면 흐름의 순리를 응시하고, 자신의 본질을 결코 다 드러내지 않는 은폐된 자연(숲) 앞에서 기웃거리며 깨달음을 터득하는 것이 철학이고, 이러한 길을 가는 사람들이 다름 아닌 철학자이기 때문이다. 그런데 앞의 '철학자의 길'이 인간들이 사는 도심에서 발원하고 이 도심과 연결되어 있으니, 철학은 또다시 자신의 진리와 의미를 인간과 중매하는 것을 보이고 있다. 그러면 '철학자의 길'을 짜임새 있게 방문해보자.

우선 '철학자의 길'로 가려면 마치 이승에서 저쪽 피안으로 건너가듯이 넥카강 위로 놓인 테오도르-호이스-다리를 건너야 한다. 신-클레식의 형식으로 조각되고 오래된(1786-1788 사이에 건립됨), 그러나 든든하고 낭만기가 서려있는 이 다리는 우리로 하여금 하이델베르크대학으로, '철학자의 길'로, 저쪽 피안으로 연결해주는 가교의 역할을 하고 있다. 횔더린은 그의 시(詩) 「하이델베르크」에서 "내가 이 다리를 건너갔을 때, 마치 신들이 보낸 어떤 마력이 다리 위에서 나를 사로잡았다."고 읊었을 만큼 이 다리는 신비한 매력과 마력을 갖고 있다.

이 다리를 건너서 시내로 들어서면 맘모스 같은 큰 교회가 시야에 들어오는데, 이는 마치 통과의례를 요구하기라도 하듯 버텨 서있다. 마음을 비우고 '철학자의 길'로 들어서라는 암묵적인 명령이라도 되듯 …. 주변에는 고도(古都)의 냄새가 풍기는 아름다운 건물들이 즐비하게 나타나고, 조금만 더 나아가면 우측으로 '철학자의 길'이 시작되는 지점에 이른다.

그런데 이 길이 시작되는 지점의 주변엔 이론물리학이나 응용물리학이며 천문학 등 각종 기구들과 건물들이 들어서 있다. 이들은 '철학자의 길' 주변에 빈대 붙어 들어온 것이다. 이는 마치 플라톤의 아카데미 정문에 "기하학을 모르면 이 문을 들어올 수 없다"를 현대적으로 흉내를 낸 듯하지만, 귀엽게 받아들여야 한다. '철학자의 길'에 빈대 붙어 있는 것은 정상이지만, 언젠가 이들이 박테리아처럼 증식되어 이 길을 잠식해 들어가면 안 될 일이다! 못된 송아지 어머니 소의 젖을 먹고 자라나서는 엄마를 들이받고 차는 현상이 세상에 일어나기 때문이다. 오늘날 과학이 하는 짓이 바로 이렇다. '철학자의 길'에 셋방살이를 하고 있는 저들 빈대집단들을 뒤로하고 넥카강이 흐르는 방향과 비례하여 이 길을 따라가면 철학적인 상념을 불러일으키는 세상이 펼쳐진다.

'철학자의 길'엔 부분적으로 경사가 심한 구역도 있다. 철학자의 길을 가는 것이 그리 쉬운 일이던가? 경사지고 힘겨운, 고뇌와 싸우는 길일 것이다. 빛과 어둠이 갈리는, 여신 디케(Dike)가 있는 '태고의 문'으로 나아가는 파르메니데스의 '철인의 길'이 얼마나 가파르고 힘겨운가. 또한 플라톤의 '동굴의 비유'에서 동굴을 박차고 태양빛이 이글거리는 바깥세계로 나아가는 길은 어떤가? 오히려 많은 사람들이 이 길을 거부하고 되돌아가기를 원하지 않던가? 생사가 걸린 싸움과 고통의 길이 아니던가!

그토록 쉽게 이생을 살겠다는 사람은 결코 철학자의 길을 택하지 않는다. 물론 철학자의 길엔 고뇌만 있는 것은 아니다. 저

길엔 오르막과 대조되는 내리막도 있다. 철학자의 길엔 고뇌와는 대조를 이루는, 환희를 만나고 체험하는 길도 있기 때문이다. 그런데 '철학자의 길'의 북쪽에 있는 넓은 영역은 여러 가지 잡다한 식물들과 이국적인 식물들이 너무나 얽힌 채 우거져, 그쪽으로 들어갈 수 없다. 글쎄다, 철학자의 길은 몸소 이 길을 만들지 않으면 못 들어가는 길이다. 아무도 이 길로 들어서지 않겠다면 결국 막혀버리는 것이 당연지사인 것이다.

어느 산책로의 모퉁이에서

'철학자의 길'에 있는 '자연발코니'에서는 많은 사람들이 제일 앞줄에 앉아 시야에 들어오는 동화 같은 마을인 하이델베르크와 거대한 고성(古城)들, 넥카강과 넥카계곡, 요정들이 살 수 있을 만큼 울창한 숲, 이 도시 너머로 펼쳐지는 매혹적인 평원이며 이들을 묶어 오묘한 아름다움을 만들어내는 자연을 응시한다. '하이델베르크의 3가지 화음'(Heidelberger Dreiklang), 즉 오래된 도시(古都), 넥카강과 산들의 위용이 여실히 드러난다.

과연 '자연 발코니'의 이름은 철학자의 길에 걸맞는 이름이다. 철학자는 심오한 세계를 보려고 한다. "내가 밖으로 나가지 않아도 우주의 진행을 본다"고 할 때, 노자는 관(觀), 즉 '본다'라는 용어를 쓰고 있다. 또한 무엇보다도 심오하고 신비롭기까지 한 플라톤의 이데아의 세계에서 '이데아'라는 말은 '힐끗 본다'(idein)에서 온 용어인 것이다. 물론 위의 '자연 발코니' 외에도 갈할 수 없이 좋은 전망을 목격할 수 있는 벤취나 전망대는 많기에, 이러한 곳에서 그윽하기도 하고 장엄하기도 한 자연 앞에 경탄하면서 상념의 나래를 펼칠 수 있다.

'철학자의 길'엔 이국적인 식물들, 이를테면 동양의 모과나무, 미국 실측백나무, 스페인 금작화, 포르투갈 버찌, 레몬과 석류, 무화과, 유럽대추야자, 대나무, 야자, (독일에서도 드문) 밤나무, 아몬드나무, 자스민 덤불, 로즈메리 덤불, 잣나무 등등이 이미 오래 전에 심어져 자라고 있다. 물론 여기에 포도밭과 다양하고 멋진 정원들이 빠질 수 없는데, 어떤 정원은 시인 아이헨도르프에 의해 직접 만들어진 것도 있다고 전해진다. 그가 있던 당시에 야자나무나 바나나나무, 모과며 다른 이국적인 식물들도 심어졌다고 한다.

더욱이 이들 정원들을 끼고 있는 훌륭한 빌라나 건축물들은 '동화의 마을'을 이루는 생명체들이고 미학의 혼이 들어간 집들이다. 또한 흥미로운 귀빈하우스, 숙박시설, 아담한 식당, 와인하우스, 호프, 카페, 골동품가게 등등 행인의 시선을 끄는 장소는 많다. 이러한 장소들은 어둠이 깔리기 시작하면 더욱 생동감으로 흘러넘친다. 이국적인 것(Exotisches)과 낯선 것이야말로 철학을 할 수 있게 하는 마력이고 매력이어서 철학을 꽃피우게 하는 원동력이 되는 것이다. 이 같은 이국적이고 낯선 것이 없는, 혹은 조화되지 않은 철학은 쫀쫀하고 협소하며 융통성이 없고 미약하게 될 것임에 틀림없다.

잘 다듬어진 정원
자연 외에 또 다른 인간의 둥지가 있을까

철학자는 늘 사유의 도상(途上)에 있다. 그는 인간들이 운집한 곳에서, 흐름이 있는 곳에서, 존재의 비밀이 은폐되어 있는 곳에서 사유하기를 멈추지 않는다. 그는 늘 이 길 위에 있으므로 그의 나그네의 신분은 끝이 없고, 그래서 그는 외롭고 고독한 길을 가지 않을 수 없는 것이다. 하이델베르크에 있는 우리의 '철학자의 길'도 그냥 막다른 골목에서 끝나는 것이 아니고, 하나는 숲으로 이어져 신비의 세계로 들어가고 다른 하나는 또 다른 길과 이어지며, 또 다른 하나는 넥카강으로 향하는 길과 연결되어 결국엔 대양과 연결되고 무한의 코스모스와 접혀있는 것이다. 이 외에도 작은 골목 같은 길들이 많은 다른 영역과 서로 연결되고 맞대어 있다.

철학적 사유를 불러일으키는 산책로

이렇게 연결되어 있는 '철학자의 길'과 또 저쪽의 시작되는 지점이 도심과 연결되어 있는 데에서도 철학자들이 어떠한 도정(道程)에 있어야 하는지를 말해준다. 철학자는 시민이 있는 곳에서 —마치 소크라테스가 시장바닥에서 철학을 펼쳤듯이— 살아야 하며 경우에 따라서는 역경을 감수하며 생동해야 하고 또한 만물을 포괄하고 있는 신비한 존재의 숲이며 생성소멸의 흐름을 보여주는 강가에서 서성이고 있어야 한다. 그가 만약 숲 속으로 갔다고 하면, 이 또한 죽림(竹林)으로 사라져간 현인들의 뉘앙스가 암시하듯 많은 '다른' 삶의 의미를 엮어내고, 그가 강가로 갔다고 하면 이 또한 헤라클레이토스가 "만물은 흐른다"를 읊은 데서도 드러나듯 흐름의 바리에이션을 펼치고 있는 것이다.

'철학자의 길'을 지나가는 곳에는 고독하고 쓸쓸했던 시인 횔더린의 기념비도 있다. 그토록 처절하게 현상의 배후에 존재하는 절대자의 흔적을 좇았던 시인은 그러나 이루 말할 수 없이 불쌍하고 외롭게 세상을 살다 갔다. 그는 '철학자의 길'에 동반했고, 자신의 혼신을 이 길에다 뿌렸다. 이 기념비 앞에서 나그네는 철학적 상념의 세계에 빠지지 않을 수 없다. 그런데 우리의 시인 횔더린은 그의 「하이델베르크」라는 시(詩)에서 첫째 구절부터 마치 애인에게 속삭이듯 애정어리게 이 도시를 읊고 있다:

> 내 오래 전부터 너를 사랑했었지.
> ….
> 내 너에게 아무런 허울 없는 노래를 선사하고 싶구나.
> 너는 내가 보기로 이 나라의 도시들 가운데서
> 가장 아름다운 마을이렸다.

그런데 하이델베르크를 노래한 시인들, 이를테면 아이헨도르프(Eichendorff), 아르님(von Arnim), 장 파울(Jean Paul), 위고(Hugo), 브렌타노(Brentano), 괴테(Goethe), 켈러(Keller)도 위의 횔더린의 "마을로는 가장 아름다운"을 합창했던 것이다. 이들 모두는 시(詩)로서 하이델베르크에 융단폭격을 가했다고 하는 것이 옳을 것이다. 어디 시인들뿐이겠는가. 투어너(Turner)나 이셀(Issel)을 비롯한 많은 화가들이 하이델베르크를 배경으로 그림을 그렸고, 슈만과 베버며 브람스와 같은 작곡가들도 '하이델베르크의 3가지

화음'을 음표로 옮겼던 것이다.

길게 뻗어있는 '철학자의 길'은 오늘날 아담하게 단장되어 우리를 사색의 공간으로 초대하고, 우리와 함께 기꺼이 사유에 동반하기를 원한다. 멀리서 온 외국의 여행객도 이 관광명소의 길을 방문하고, 아시아나 미국에서 온 단체 관광객이며 독일의 각종 여행단체들, 많은 젊은이들과 인근에서 몰려든 대학생들도 시끌벅적하게 북적거리는가 하면 조용히 이 길을 따라 산책하는 사람들도 많다. 하이델베르크의 시민들도 때론 세상살이의 고단함을 피해서 혹은 철학적 사색이 필요할 때, 인생살이를 재음미하며 냉철한 성찰이 요구될 때, 심지어 연인끼리 감미로운 사색을 할 때에도 이 길을 찾는다. '철학자의 길'을 찾는다는 것은 그러나 얼마나 운치 있고 의미 있는 일인가.

오늘날 철학자의 길은 그러나 결코 영광스럽지 않다. 오히려 험악하고 가파르며, 동반하겠다는 사람이 없는 외로운 길이다. 그 옛날에도 철학자의 길은 실제론 이와 비슷했을 것이다. 즉 저들 철학자들이 실제로 그들의 인생행로를 걸었을 땐 대부분 외롭고 쓸쓸한 길을 갔던 것이다. 그들은 때론 외면당하며 때론 배를 곪고, 때론 공중의 적으로 내몰리어 처단된 일도 허다하지 않은가. 하기야 철학자들이 영광스러운 길을 위해서 철학자의 길로 들어선 것은 아닐 것이다. 그들 스스로도 영광의 월계관을 추구하지도 않거니와 부(富)와 명예와 감투를 위해서 그들의 지혜를 동원하지도 않을 것이다.

그런데 오늘날의 사람들은 이제 지혜니 정신이니 철학이니 하는 것에 별로 귀를 기울이지 않는다. "가이스트(정신)를 안 가진 자는 곧 이 가이스트를 멸시한다"는 헤겔의 말은 그리 쉽게 이해되지는 않을 것이다. 이제 사람들은 물질적 풍요와 안락한 생활을 꿈꿀 따름이다. 온 세상이 물질만능주의와 기계문명, 산업자본주의로 들끓고 있다. 따라서 물질적 부를 창출하는 데에 직결되는 것들만 번식되고 또 번성하고 있다. 물론 엄밀히 따지면 이러한 것들도 결국 사유와 인식을 동원하는 한 철학과 내적인 관련을 가짐에는 틀림없다. 그러나 사람들은 이러한 사실조차 인정하려하지 않는다.

오늘날 철학은 철학자 빈델반트가 지적하듯 전(全)재산을 딸들에게(즉 철학에서 분화해나간 여러 개별학문들) 나눠주고, 자신(철학)은 거리를 방황하게 된 리어(Lear)왕의 신세로 전락되고 말았다. 아니, "쓸쓸하게 거리로 내몰리는 것이 철학자의 본질에 속한다"는 니체의 말은 좀 더 의미심장하게 들린다.

그런데 우리의 현실은 더욱 암담한 것이다. 독일엔 그래도 철학강의실이 비좁을 정도로 사람들로 가득 차고, 큰 강당조차 빈자리가 없는 현상이 자주 일어난다. 일반서점에 철학 서적이 잘 팔리며 젊은이들이 철학적인 대화를 즐긴다. 우린 옛날에 그나마 '교양철학'이란 이름으로 철학의 맛을 조금 보아왔으나, 이젠 '시장경제원리'에 따라 철학 과목은 외면당하고 도태되어가고사 직전에 있다. 이제 오로지 돈이 되고 출세하는 데에 도움이 되는 실용적인 것들만 진을 치고 세상을 장악한 형편이다. 그래서 이젠 '교양철학'도 없는 '꿀돼지 대학'이 여기저기에 늘어나고 있다.

Ⅲ. 카알 하인리히의 인생수업

『카알 하인리히』는 일명 『황태자의 첫사랑』이라고도 일컬어지는 빌헬름 마이어-푀르스터의 작품이다. 하이델베르크를 중심으로 펼쳐지는 이 작품의 세계는 아직 봉건적 제도에 있는 북부독일 칼스부르크의 황태자 카알 하인리히가 이 도시에서 이루 말할 수 없는 인생의 변화를 겪고서 세계를 바라보는 시선이 엄청 달라진 것을 잘 묘사하고 있다.

우리는 황태자의 위상이나 그의 로맨스보다도 이미 궁정에 물들고 길들어진 그가 하이델베르크에서 받은 황홀한 체험을 통해 새롭게 변화되는 것을 추적해보기로 하자. 그리고 이러한 과정을 통해서 이때껏 타성에 젖어왔고 닫혀있었던 한 인간을 눈뜨게 하고 새롭게 거듭나게 한 도시 하이델베르크를 음미해보자.

세상적인 통념으로는 한 인간이 황태자이거나 황태자로 되는 데에만 온갖 중량을 싣고 있다. 부귀영화와 권세며 명성 등 세상에서 그 누구도 갖지 못하는 선망의 대상이 다 쏠려있기 때문이다. 그에게는 왕관이 기다리고 있고, 수다한 하인들과 시녀들이 득실거리며, 수많은 여인들이 짝하자고 줄을 서며, 갖은 연회와 행사에 상전으로 모셔지고, 그의 명령에 따라 궁정과 사회의 조직체가 움직인다니 ….

그러나 우리는 저 카알 하인리히로부터 정반대의 현상을 본다. 그는 저러한 허울을 벗어 던지고 한 인간으로 태어난 것이다. 물론 그것은 황태자가 결코 한 인간으로 신분적 추락을 하는 것이 아니라, 황태자보다 더 보편적인 '인간'에 눈을 뜬 것을 의미한다. 아직 인간이 되지 못한 상태에서, 아직 철이 들지 않고, 아직 허울 속에 있으면서 황태자로 혹은 왕으로 혹은 지도자로 살아가는 사람도 얼마나 많은가.

그러기에 『황태자의 첫사랑』은 오히려 카알 하인리히의 인생 수업인 것이다. 그는 학문연마를 위해서 궁전을 벗어나 하이델베르크로 간다. 궁전 밖의 세계, 바깥세계와 외부세계에서 한껏 열린 자세로 세상체험을 하고 변화된 인생이 된다. 자신의 울타리를 넘어 변화를 가져올 새로운 세계에로 나아감은 그야말로 철학이 추구하는 길일 것이다. 그것은 철학적 '초월'과도 유사하기 때문이다. 만약 석가모니가 궁전의 담을 뛰어넘지 않았다면 (그것도 부모의 동의도 없이!) 과연 그는 깨달은 붇다로 되었을까.

한 인간이 낯선 외부세계에서 갖은 체험들을 통해 자기 인생에서의 변화를 가져온다는 것은 대단한 일이다. 궁전 안은 교육받기에 적당한 장소가 아니다. 이곳은 교육을 위해서는 오히려 불행한 장소이다. 적어도 교육을 받으려면 모든 기득권을 포기하고 열린 태도로 교육을 받겠다는 자세가 전제되어야한다. 이를테면 플라톤의 시라쿠스에서의 제왕교육이 실패한 것도, 아리스토텔레스의 알렉산더로스 교육의 절반실패도, 또 우리나라에서의 수다한 왕자교육이 실패한 것도 이러한 맥락에서 이해할 수 있다.

바깥세상에서 사람들의 삶의 모습과 실상을 몸으로 부딪치며 체험하지 않고선 백성들의 세계를 이해하지 못할 것이다. 다른 사람과 같이 일개의 평범한 백성이 되지 않고선 그는 결국 통치할 자격이 없다. 그러면 카알 하인리히를 통해 우리는 그가 어떻게 성숙해 가는지 추적해보자.

칼스부르크의 왕은 황태자 카알 하인리히의 교육을 위해서 이때껏 황태자의 학문적 교양을 지도해온 유트너 철학박사를 대동시켜 하이델베르크로 그를 유학 보낸다. 칼스부르크와 궁정의 장래를 위해서 왕은 카알 하인리히가 엄격하고 규율을 잘 지키면서 학문에 전념하고 전력할 것을 엄격하게 명령한다.

그런데 이와는 대조적으로 경직되고 살풍경한 궁정의 생활에서 해방되는 기쁨이 유트너 박사에게도 강력하게 나타난다. 그 긴장되고 답답하며 스트레스 쌓이는 생활은 유트너 박사의 토로를 통해서 분명하게 드러난다: "인간이 호흡하고 있다는 사실조차도 잊어버릴 것 같은 이 넓고 살풍경한 성안의 모든 것들과 헤어지게 되는 것이다. […] 얼마나 지루한 8년이었던가! 오찬, 인사, 꽉 찬 일정과 동료들의 질투, 많은 연미복과 그에 따른 조끼들, 훈장, 위대한 칭호, 마차에 의한 외출, 하품 그리고 총결산으로서의 심장비대증. 그것은 불행한 슈트라스부르크의 거의가 걸려있는 병과 같은 것이었다."[20]

이제 카알 하인리히는 되도록 궁정의식이나 특권의식조차 버리고 한 사람의 평범한 자유인으로의 길을 내딛는다. 그와 동행한 '수석신하' 로츠가 기차에 나타나서 아주 조심스럽게 공자전하에게 어명이 없으신가 물을 때 주위의 군중들이 모두 공자에게로 시선을 모았다. 그때 카알 하인리히는 딱딱한 어조로 대답한다: "그런 짓 말고 자네 자리에 가있어. 아무 것도 필요 없어. 사람들에게 얼굴을 알리지 않고 여행을 하고 싶을 뿐이야."[21]

카알 하인리히와 유트너 박사는 이제 솔선수범하여 음식을 사다먹고, 군중 속에서 일반인과 같이 행세하고 또 그렇게 직접 부딪히며 기쁨을 얻는다. 그들의 옆 테이블에는 발랄한 말괄량이 처녀들이 앉아 자유분방하고 장난스런 눈길로 그들을 바라보며 웃곤 재잘거린다. 이때껏 궁정에서 동년배의 친구들로부턴 격리되었고 또한 여자라고 이름 지어진 모든 사람들로부터 떨어진, 마치 승려와 같은 관습과 교육을 받아온 터라 그들에겐 낯설기도 하고 유쾌한 현상으로도 다가왔다.

---

20) 『황태자의 첫사랑』, 11～12쪽.
21) 앞의 책, 18쪽.

기차가 이들을 추운 북방의 나라에서 따뜻한 남쪽으로 옮기면서 그들은 훈훈한 남쪽의 온기와 자유, 새롭고 낯선 문화의 만끽으로 마치 새롭게 탄생한 것 같은 인생을 체험한다. 이때껏 즐거움이라곤 없던 음울한 궁성과 겨울의 계절은 이제 이들의 등뒤로 사라져버렸다. 이윽고 기차가 하이델베르크에 정차했을 때, 바덴지방의 액센트가 강한 차장들이 객실의 문을 열어젖히며 "5분간 정차"라고 외친다. 그러자 유트너 박사는 "1년 간 정차"라고 외치며 벅찬 기쁨을 드러낸다.

이제 그들은 수석신하 로츠며 시종과 마부, 마차 등을 남겨두고 평민들이 걸어다니는 시가지를 걸어서 들어간다. 카알 하인리히는 이때껏 소도시에서조차 늘 마차로 다니든지 아니면 말을 타고 다녔으나, 걸어서 다닌 적은 없었다. 남국적인 온기에 가득 차고 생기 찬 시가지와 생생한 풍경들, 거리의 악사들과 그 주변에 모여든 사람들, 학생단원들의 시가행진과 합창 등등 유학의 첫날부터 무수한 낯선 인상과 관찰로 인해 카알 하인리히는 칼스부르크 왕의 분부도 자신의 장래에 대한 생각도 잊어버리고서 온통 혼란 속에 빠져버리고 만다. 아니, 그는 이 잊을 수 없는 하루하루의 무수한 체험들 때문에 잠을 이루지 못한다. 때론 설렘으로, 때론 벅참으로, 때론 분위기에 도취되어, 때론 행복에 겨워 첫 닭이 울고 넥카강변 계곡의 동쪽 하늘이 밝아올 때까지 뒤척인 적도 수없이 많았다.

이제 그는 무수한 학생들 중의 한 사람으로 또는 학생단원의 후계자로, 그들과 어울려 술도 마시고 '너'라는 호칭을 주고받는 한 젊은이로 변해가고 있다. 그는 그가 묵고 있는 하숙집의 여사환으로부터 친절과 호의로 가득 찬 인사를 받고 처음부터 사랑에 빠진다. 곧 그는 젊음, 우정, 낭만, 자유, 사랑에 푹 빠져든다. 참으로 놀라운 변화가 카알 하인리히에게 일어난 것이다.

그런데 그로 하여금 칼스부르크 궁정의 숨 막히는 공기를 박차고 허허로운 청춘에 자유와 이상의 기쁨을 불어넣은 인물은 바로 유트너 박사이다. 이제야 카알 하인리히는 고국 칼스 부르크에서 자신의 모든 청춘을 기만당한 사실을 감지했다. 그는 이때껏 인생에 대해선 손톱만큼도 몰랐던 장님이었던 것이다. 그는 마치 길들여져야 할 동물처럼 새장 속에 갇혀있었던 것이다.

물론 이 하이델베르크에서 늘 훌륭하고 신기한 일들만 일어난 것이 아니다. 거긴 온갖 쓰디쓴 체험도 있었다. 카알 하인리히는 동료들과 결투도 했었고, "머리가 깨지고 왼쪽 뺨을 찢기는 등 엉망이 된 채로 마차에 실려" 하숙집으로 돌아온 적도 있었다. 유트너 박사는 이 외에도 카알 하인리히가 강의를 잘 들으려하지 않는 것과, 성령강림절 때에 밀라노로 놀러가 상당한 빚을 지고 돌아온 것, 또한 호프집의 아가씨와 사랑을 속삭이는 것 등을 생각하고서 혀를 차곤 식은땀을 흘린다. 고국에서 이런 소식을 알게 되면 펄쩍 뛸 일임에 틀림없다. 유트너 박사는 카알 하인리히의 전담 교사직을 사임하겠다고 으름장을 놓지만 먹혀들지 않는 반면, 곧 화해를 하고 만다.

그래, 인생에 감미롭고 아름다운 체험만 있으라는 법이 어디 있나. 인생의 성숙을 위해선 이러한 아픔과 비정상과 쓴 체험은 지당할 뿐만 아니라, 오히려 통과의례이고 성숙에로의 도화선이 아닌가. 어쨌든 카알 하인리히는 이곳 하이델베르크에서 몇 개월 동안에 많이 달라졌다. "외모도 그러했지만 그의 행동은 남자다웠고 얼굴에는 정열이 흘러 넘쳤다. 그리고 칼을 맞았던 상흔은 일종의 무사와도 같은 표정을 불어넣었다. 하이델베르크를 다 뒤져봐도 공자 이상 거친 학생은 없었다."[22]

그런데 카알 하인리히가 케티라는 호프집 아가씨와 사랑에 빠

---

22) 앞의 책, 114쪽.

져서 깊은 밤에 넥카강을 따라 뱃놀이를 하던 때에 칼스부르크로부터 3통의 전보가 날아들었다. 수석신하 로츠는 이 전보를 전달하려고 허겁지겁 했으나, 이때 카알 하인리히는 단골술집에 있었고, 이 술집엔 공교롭게도 합창음악이 정원에 울려 퍼지고 있었다. 간신히 로츠가 전달한 전보를 읽은 카알 하인리히는 안색이 변하고 불안감에 사로잡혔다. 그것은 칼스부르크 대공전하의 건강이 악화되었다는 것과 빠른 시일 내에 칼스부르크를 방문하길 재촉하는 것이었다.

그런데 이 갑작스레 생긴 사건은 카알 하인리히를 한없이 당황하게 했다. 그것은 말할 것도 없이 그의 일상생활이 멈춰지는 것이고, 또한 극단적인 경우에 다시는 하이델베르크로 돌아오지 못할 수도 있는 것이기 때문이었다. 그는 워낙 예기치 못한 사건을 접한 터라 자신의 마음을 정리하지 못해 이날 밤 케티에게 작별인사를 하는 것조차 잊어버렸다.

그런데 이때 카알 하인리히를 대동한 유트너 박사는 건강이 악화되어 병원에서 치료를 받고 있는 중이었다. 그래서 카알 하인리히는 선생님을 찾아뵙고 전보내용을 전했다. 그날 밤 하이델베르크를 떠나 1주일이나 2주일 후면 다시 돌아올 계획을 표명했다. 그런데 유트너 박사의 건강이 더 나아질 기미가 보이질 않았으므로 또 칼스부르크의 사정으로 카알 하인리히가 하이델베르크로 돌아오기 힘들 경우도 있으므로 이번의 작별이 최악의 경우 영원한 작별로 이어지는 게 아닌지 서로 마음 속에 불안감을 품고 있었다.

그래서 유트너 박사는 마지막 작별을 확신이라도 한 듯 의미심장한 작별인사를 한다. 여기엔 카알 하인리히의 인생수업에 대한 의미도 들어있다. 자유, 청춘, 열린 태도, 낭만, 타성에 젖지 말 것, 관료적이지 말 것: “우리는 이별을 아쉬워하기 위해 애써 시인이 될 필요는 없소. […] 당신은 1주일이나 2주일 후에는 돌아온다고 했죠. 그러나 돌아오지 못해요. 좋아요. 언제까지나 젊음을 잃지 마세요. 이것이 내 부탁의 전부입니다. 언제까지나 지금처럼 계세요. 그리고 만일 그들이 당신을 관료적 틀에 끼워 맞추려거든—분명히 그렇겠죠— 그때는 용감하게 싸워주어요. 카알 하인리히, 언제까지나 인간으로 계셔야 합니다."[23]

한편 카알 하인리히는 안타까운 심정으로 케티에게 묻는다: "넌 어떻게 생각하니, 케티, 만일 내가 돌아오지 못한다면?" 그러자 그녀는 깜짝 놀라며 그의 얼굴을 쳐다보았다. 그녀의 얼굴에서 핏기가 갔다. 그러나 그녀는 억지로라도 "반드시 돌아오시겠죠"라고 응답한다. 이제 겨우 획득한 자유이지간 뜻밖의 돌발사건이나 기타의 이유로 칼스부르크에 잡혀있어야 한다면 가혹하지만 어쩔 수 없는 노릇인 것이다. 카알 하인리히는 고민에 쌓인 채 또다시 묻는다: "만일 내가 돌아오지 않는다면 넌 어떻게 할 거지?" 그러자 그녀의 입술이 떨렸다. 그녀는 뭔가 말하려 했으나 말이 나오지 않았다. 그러나 곧 그녀는 그에게로 다가와 끌어안고서 "당신은 돌아오실 거예요 카알 하인리히, 반드시 돌아올 거야."로 애걸과 위안이 섞인 작별인사를 할 수밖에 없었다.

이렇게 하여 조출한 작별인사로 카알 하인리히는 하이델베르크를 떠난다. 그는 오랫동안 기차의 차창에 기대어 서서 넥카강변의 시가가 안개 속에 묻힌 것을 물끄러미 바라보았다.

예상대로 하이델베르크로 돌아오는 건 불가능했다. 칼스부르크 성주의 병세는 악화된 채 오래오래 끌었고 카알 하인리히도 바쁜 궁정생활의 일정에 빠진 채 세월만 보내야 했었다. 그는 언제면 하이델베르크로의 귀환이 가능할지 궁금해서 불안하고 초조한 나날도 보냈었다. 시간은 무한정 흘러갔다. 때론 살인적인 기

23) 앞의 책, 133쪽.

다림에 허탈해지기도 하고 맹렬한 초조감이 그를 덮치기도 했다.

그의 책상 위에는 하이델베르크에서 가져온 파란 학생모자와 비단 밴드 그리고 케티가 선물한 세 송이의 (바싹 마른) 장미가 놓여있어 시시때때로 하이델베르크의 추억을 불러일으켰다. 카알 하인리히는 한편으로 하이델베르크를 생각만 해도 가슴이 죄어드는 것을 느꼈으나, 다른 한편 그는 "모든 것은 지나 가버렸다. 잃어버렸다, 영원히…"라고 중얼거리며 통탄할 따름이었다.

어느덧 칼스부르크의 대공이 사망하고 카알 하인리히가 왕위를 계승한지 2년이 지났다. 그런데 어느 날 하이델베르크에서 한 나그네가 찾아왔다. 늙은 켈러만—카알 하인리히가 케티와 뱃놀이했을 때 노를 저어준 사람이었다—이 옛날 카알 하인리히와 했던 약속을 기억하고 찾아온 것이다. 그때 이 늙은이와 대화하며 카알 하인리히는 세상에 태어나 처음으로 한 인간의 고달팠던 삶의 일면을 절실하게 이해했던 것이다. 그는 그때 이 노인에게 어려울 땐 칼스부르크로 찾아오라고 했고, 여기에 오면 술 저장고의 주임자리를 주겠다고 약속했던 것이다. 그 약속이 이제 이루어지고, 배고프고 목마른 이 늙은이에게 카알 하인리히는 각별한 배려를 한다. 그리고 하이델베르크의 상황을 묻곤 추억을 되살리며 옛이야기로 밤을 새운다.

이 늙은이의 방문을 받은 카알 하인리히는 추억의 태풍에 휘감긴다. 그는 탄식하듯 내뱉는다. "아아, 잊혀진다는 것은 슬픈 일이다. 더구나 사람의 나약하기만 한 정신은 너무도 쉽게 그것을 잊어버리는 것이다."[24] 그러나 멀리 떨어진 하이델베르크에 틀림없이 그리운 사람들이 아직도 살아있음을 생각하곤 카알 하인리히는 마음을 가라앉히기도 했다.

잠이 오지 않는 어느 날밤 카알 하인리히는 적막감에 사로잡

24) 앞의 책, 158쪽.

힌다. 정원에는 밤바람이 낮게 나무들 사이를 지나고 있지만 궁정 내에도, 칼스부르크도, 시내도 온 나라도 잠들어있다. 미칠 것만 같았다. 새벽 3시에 카알 하인리히는 수석신하 로츠의 방에 초인종을 눌렀다. 이윽고 로츠가 눈을 부비며 나타났다. "로츠, 오늘은 잘 수가 없어. 사환들을 깨워 빨리 내 짐을 챙겨. 그리고 궁내경에게는 며칠 자리를 비울 테니 나를 대신해 모든 일을 처리해 줄 것을 부탁한다고 전해라." 하루 이틀의 기간으로 하이델베르크를 다녀올 테니 짐을 챙기라는 것이었다.

로츠는 뒤통수를 얻어맞은 기분이었으나 카알 하인리히는 시간이 없다고 재촉한다. 잠을 이루지 못했지만, 카알 하인리히는 선 채 얼굴에 기쁜 빛을 띠며 밝아오는 아침하늘을 우러러보고 있었다. 그는 넋 빠진 사람처럼 중얼거렸다: "하이델베르크." 잠에서 깨어난 궁내경과 시종들이 미친 듯 칼스부르크의 역으로 달려갔을 때 기차의 연기는 이미 밝은 아침하늘 멀리 사라져가고 있었다. 아침 여섯시였다. 궁내경은 마치 실신한 사람처럼 남쪽을 바라보았다.

카알 하인리히의 이틀간의 하이델베르크로의 귀환에 대해선 이제 독자들의 상상에 맡기기로 하자. 그는 일상의 혼돈 속에 살았지만, 아직 칼스부르크의 옛 습관에 정복당하지 않았다. 그에겐 여전히 하이델베르크가 동화의 마을로 또한 넥카강이 환희의 강물로 굽이쳤고 젊음과 낭만, 정열, 자유의 이념들이 살아서 생동하고 있었다.

궁핍한 시대에서의 시인 횔더린

시와 철학의 오솔길

어떤 위인이나 천재는 지상에서 거처할 동안에 아주 불운하게 삶을 영위하는 경우가 간혹 있다. 외롭고 고독하게 삶을 꾸려가다가 쓸쓸하게 죽어간 경우도 더러 있다. 그들이 지상에서 명성을 얻거나 얻지 못하느냐가 문제가 아니고, 그들이 인기를 누리거나 누리지 못하느냐가 문제가 아니라, 그들의 재능이나 작품이 전혀 인정받지 못하는 안타까운 경우가 있다는 것이다. 그들은 자신들의 작품을 당대에 단돈 몇 푼을 받고 싸구려로 팔아넘기는 때도 있고, 어떤 땐 아예 이것조차 받지 못한 경우도 있다. 반 고흐(van Gogh)와 이중섭과 같은 천재의 경우도 한 좋은 예다.

그런데 많은 세월이 지나서 엉뚱한 사람들이 저들의 작품을 고가로 사고팔며, 저들을 이용하여 부를 누리는 것이다. 설혹 저들을 칭송한들 저들은 이미 차가운 대지 속으로 사라진지 오래되었기에 저 칭송을 전혀 듣지 못하는 것이다. 하기야 늦게나마

저들의 재능과 위대성이 인정된 것은 그렇지 못한 것보다는 다행인 것임에 틀림없고 또 다른 세대들에게 많은 도움과 보람이 되는 것이다.

횔더린도 시인으로서 저들 중의 한 사람이다. 이런 불운한 시인이 20세기의 철학자 하이데거(Martin Heidegger)에 의해 전적으로 새롭게 조명되었다. 하이데거는 스스로 고백한다: "시(詩)의 본질을 규명하는 데에 있어서 나는 왜 횔더린을 택했는가. 어찌 나는 호메로스(Homeros)나 소포클레스며, 버질이나 단테, 나아가 셰익스피어나 괴테를 택하지 않았는가. 그것은 횔더린이 '시인 중의 시인'이기 때문이다." 그것은 하이데거에 의하면 횔더린이 시(詩)의 본질에 입각하여 시작(詩作)을 했기 때문이고, 그가 신과 인간 사이의 중간지대에 거주하는 '사이-존재'이기 때문이다.

횔더린은 하이데거의 후기 사상에 있어서 결정적인 역할을 하게 된다. 하이데거는 서양의 합리주의나 관념론이며 논리학과 근대의 이성으로서는 불가능한 `존재사유'에로의 접근을 시적 통찰로서 시도했던 것이다. 횔더린은 하이데거의 고백대로 예사로운 시인이 아니었다. 당대는 그러나 그를 '시인중의 시인'으로서 혹은 존재와 정신(가이스트: Geist)의 음성을 전달해주는 '디오니소스의 사제'와 같은 시인으로 발견하지 못했던 것이다. 그와 일상인의 사유세계가 그토록 동떨어진 것이었을까. 괴테와 쉴러마저도 너그러운 태도로 그를 받아들이지 못했다.

횔더린은 그의 동료이자 친구인 헤겔이나 셸링에 비하면 지극히 냉대 받고 살았다. 이들은 다 함께 튀빙겐대학에서 공부했으며 한 기숙사에서 우정을 맺었고, 뛰어난 재능을 갖고서 신학과 철학이며 고전어에 탐닉했었다. 그러나 헤겔과 셸링이 대학교수로 또 철학자로 명망을 얻은 데 비해 횔더린은 직업적으로 잘 풀려나지 못해 동서남북을 전전긍긍하다가 삶을 마감했다. 그는 가정교사의 일로 동분서주하고, 끼니를 얻기 위해 매달리며, 운명의 농간에 놀아난 듯 어떤 은행가의 아내와 사랑의 파토스에 휩싸여 삶의 에너지를 고갈하고 만다. 그래서 그는 여러모로 불쌍하다. 그러나 그는 누추하게 살았지만 셸링처럼 왕당파가 된 것도 아니고 프로이센 국왕에게 아부하고 군주제를 옹호하는 (그래서 프로이센이 자신의 역사 변증법에 의해 이상국가가 실현되었다고 감언이설을 늘어놓는) 헤겔과 같은 속물적 비굴함을 가진 것도 아니며, 더구나 이 헤겔과 같이 세계사를 변증법적 절차에 따라 발전해 가는 신의 세계로(거짓말일 수도 있는) 선전하지는 않았다.

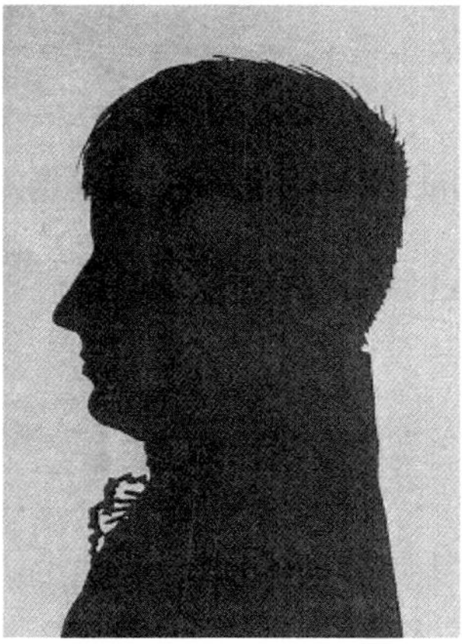

젊은 시절의 횔더린(실루엣)

그는 거의 언제나 길을 떠나야 하는 상황아래 놓였다. 이것은 그가 뜨내기 기질이 있어서가 아니라 세상이 그에게 쉴만한 공간을 마련해 주지 못한 것이다. 운명은 그로 하여금 안정과 휴식을 허락하지 않았다. 쓰디쓴 결별들과 마음의 상처는 그의 방랑을 재촉했다. 그는 1770년 넥카강변의 라우펜에서 출생하여 4년 뒤에 뉘르팅겐으로 이사했다. 이때 아버지를 여의고 의붓아버지 댁으로 이사를 한 것이다. 14살 때는 어머니의 집을 떠나 덴켄도르프로 갔으며, 그 후 2년 뒤에는 마울브론으로, 또 그로부터 2년 후에는 튀빙겐으로 갔다. 거기서 학업을 하면서 5년 동안 수도원에 머물렀고, 그 뒤 발터스하우젠에서 1년 정도 체류하다 예나로 가 친구 헤겔이나 셸링처럼 대학교직의 대열에 끼어들어 보려 했으나 실패하고 말았다. 이 예나에서 반년정도 체류하다 1795년 12월에는 프랑크푸르트에 있는 콘타트의 집에 가정교사로 들어갔다가 유부녀와의 홍역 같은 사랑에 휘말린 채 3년 뒤에 홈부르크로 옮겼다. 거기서 2년 정도 머물다가 슈투트가르트의 란다우어의 집에서 반년을 보냈다. 그 뒤엔 하우프트빌과 뉘르팅겐에서 시간을 보냈다. 1802년 겨울에는 걸어서 알프스를 지나 보르도로의 여행길에 올랐고 그 다음해의 여름에 넋 나간 사람 같은 형태로 돌아왔다. 그 뒤에 홈부르크에서 잠시 안정을 찾을 수 있었으나 1806년 9월엔 튀빙겐의 의료원에 입원하고 말았다. 그는 튀빙겐의 소위 '횔더린 성'(Hoelderlinturm. 당시 이 집은 찜머씨의 집으로서, 이 찜머씨의 도움으로 횔더린이 여기에 머물렀음)에서 정신착란의 상태로 구차한 삶을 영위해 나갔다. 정상과 비정상이 교차한 역겨운 삶이었으나 지상을 떠날 땐—전하는 바에 의하면— 어떤 특별한 고통과의

넥카 강변의 횔더린 성

사투가 없이 그토록 부드럽게 죽었다고 한다.

왜 이런 방랑과 구차한 삶이 멋지 않고 삶의 종착역으로까지 치달았을까. 그러나 이런 방랑과 구차한 삶이 이미 어렸을 때 시작되었지만 횔더린은 자신의 지극히 순수한 소년시절을 “신들의 품에서” 자랐다고 하고 또 루나(Luna)여신의 방문을 받은 엔디미온(Endymion: 제우스로부터 달콤한 잠과 영원한 청춘을 선사받은 소년)으로 나타내기도 했다. 그의 「내가 소년이었을 때 ……」(Da ich ein knabe war ……)를 낭송해보자:

내가 소년이었을 때,
신은 자주 나를 인간들의
소란과 채찍으로부터 구원했었네.
언덕의 꽃들과 더불어
행복한 철부지로 놀고 있을 때,
하늘의 미풍은
나와 함께 놀았다네.

초목들이 그대를 향해
유순한 손길을 뻗어올 때
이들의 마음을 즐겁게 해 주듯이
그대 내마음 즐겁게 해 주었네,
아버지 헬리오스여! 엔디미온처럼
나는 그대의 사랑을 독차지 했네,
성스런 루나(Luna)여!
……….
신들의 품안에서 나는 무럭무럭 자랐네.

그런데 도대체 이런 엔디미온은 어디로 갔으며, 또 '신의 품'은 어디로 갔는가. 신의 오아시스 대신에 신기루가, 루나여신 대신에 디오티마(휠더린과 운명적 사랑을 나눈 은행가의 아내 주제테 콘타트)가 그대의 삶을 운명의 베틀에다 수놓았을 따름이다. 그는 쫓기는 자였고 갈 곳이 없는 자였다.(그의 시 「저녁의 환상」 참조) 싸늘한 가을바람이 불어오면 흩날리는 낙엽에 휩싸여 방랑의 길 위에서 신화와 예언이 뒤섞인 존재의 언어를 중얼거리며 배회하는 것이 그의 전형적인 모습처럼 느껴진다.

언젠가 어느 가을날 내가 본(Bonn)에 머물고 있었을 때 저 고독한 방랑자의 삶이 영화로 제작되어 극장가에 상영되었다. 그래서 나는 비가 짓궂게 내리는 축축한 어느 가을날 오후에 나의 집에서 퍽 떨어진 본(Bonn)의 변두리에 자리잡은 소극장에 영화를 보러갔다. 예사로 등장하지 않는 영화라서 내 마음은 설레었다. 휠더린의 유명한 시(詩) 「삶의 절반」(Haelfte des Lebens)이 곧 이 영화의 제목이었다. 예술성이 높은 문학작품이라서 그런지(아니면 홍보가 잘 되지 않았는지) 극장 안은 몇몇 사람들로만 자리가 메워져 썰렁한 가을저녁을 더욱 싸늘하게 했다. 영화 「삶의 절반」은 그러나 휠더린의 역사적인 삶을 되도록 구현하려는 노력도 있었지만, 너무 그의 불운했던 연애행각에만 과다한 비중을 실어서 도리어 실망스러웠다. 그의 사상적 세계나 깊이며, 그의 삶의 고뇌를 감지할 수 있게 하는 연기는 아니었다. 더구나 철저하게 고독하고 불운했던, 그러나 디오니소스의 사제와 같은 시인의 모습이나 낌새 또한 이 영화에서는 찾아볼 수 없었다. 물론 과다한 요구를 한 영화에다 할 수는 없겠지. 그러나 그럼에도 불구하고 이 영화를 통하여 역사적인 사건이나 흐름이며 휠더린의 주변에서 일어났던 특이한 일들을 엿볼 수 있었다.

극장을 빠져 나와 집으로 향한 발걸음에는 그의 「삶의 절반」

이 나의 뇌리에서 여러 가지 변주곡을 만들었다. 이 「삶의 절반」이라는 시는 그의 시적인 사상세계를 각별히 특징지어 주는 요인이 들어있다.

삶의 절반

호수 속의 나라엔 누른 배들이 주렁주렁 달려있고
들장미 또한 가득하구나.
너희 귀여운 백조들,
키스에 도취된 듯
성스럽고 근엄한 물 속으로
머리를 처박는구나.

겨울이 오면 그러나
슬프기만 해라!
내 어디서 도대체 꽃과 태양빛이며
대지의 그림자를 구할 것인가?
말없이 그리고 차갑게
장벽은 버티어 서 있고,
깃발만 바람에 펄럭일 따름.

「삶의 절반」이라는 제목이 시사하듯이 이 시의 두 절은 서로 대조적인 세계를 열어 보인다. 한 세계는 마치 절대자의 자기표현(Explicatio Dei)과도 같이 지극히 아름답고 성스러운 지평을 펼쳐 보이고 다른 세계는 마치 아무 것도 없었던 양 어떤 끔찍한 겨울로 말미암아 송두리째 사라지고 없다. 이러한 세계사이의 비밀은 알려지기는커녕 오히려 말없는 장벽으로 가리어져 있다. 게

다가 사람의 애를 태우듯 깃발은 팔락거리기만 한다.

한 세계엔 누런 배와 들장미며 백조와 호수가 등장되어 기막히는 세상을 드러내고 있다. '성스럽고 근엄한 물'(das heilignuechterne Wasser)은 그야말로 횔더린과 같은 시인이 아니고서는 표현하기 어려운 것으로서 말로 표현할 수 없을 정도로 아름답고 성스러운 생명력을 갖고 있다. 이 물은 그렇다면 횔더린과 같은 낭만파들이 찾는 절대자가 자신의 흔적을 어느 정도 드러낸 것과 같은 경지로 이해할 수 있는 것이다. 그러기에 그것은 배후 세계의 흔적을 담은 영적인 사물로 파악될 수 있는 것이다. 그런데 이 '성스럽고 근엄한 물'에다 키스에 도취된 양 머리를 처박는 백조들은 또 어떤가. 그야말로 도취요 신비한 향연의 클라이막스로서 지상의 형용사로선 다 표현할 수 없는 경지리라. 백조는 자신의 죽음을 미리 안다는 영물로 전해지고 또 자신의 죽음 앞에서조차 아름답게 노래한다는 동물이다. 그래서 소크라테스는 플라톤의 대화록 『파이돈』에서 이 백조를 예로 들어 자신의 죽음을 슬퍼하지 않는다는 것을 피력했다. 물론 횔더린이 이런 백조를 여기서 염두에 두었는지는 분명하지 않다.

그런데, 또 다른 세계에선 이러한 지평은 사라지고 상황은 뒤집힌다. 아예 단절된 딴 세상이 등장한다. 우리는 절반 속에서 산다. 우리는 현상의 세계 배후에서 (이 세계도 결국 다른 절반의 세계와 절대적인 연관을 갖겠지만) 침묵하고 있는 세계의 비밀을 캐낼 수 없다. 이 다른 절반 앞엔 장벽이 놓여 있는데, 게다가 아무 말 없이 그리고 차갑게 버티 서있다. 깃발은 한 술 더 떠서 우리를 놀리기라도 하듯 (혹은 비밀놀이라도 하듯) 팔락거리기만 하고 있지 않은가.

현상의 배후 세계에 놓인 절대자의 숨결을 찾는 독일낭만파의 고단한 노력이 횔더린에게도 있다. 노발리스며 슐레겔, 작곡가 슈만이며 화가 프리드리히(C. D. Friedrich), 횔더린의 친구이자 철학자인 헤겔과 셸링에 이르기까지, 그들은 저런 절대자를 찾느라고 삶의 에너지를 다 쏟아 부었다. 온 삶의 여로를 통해 일상과 안목의 세계를 꿰뚫고 저러한 세계로 나아갔다는 것은 참으로 범상한 일이 아니다.

올해의 가을이 다 가기 전에 나는 겸사 겸사로 튀빙겐이라는 횔더린의 도시로 여행할 기회가 있었다. 디오니소스의 사제 같기도 하고 또 철두철미하게 고독했던 저 시인의 흔적을 찾아보는 것은 대단한 설렘이었다. 지금은 늦가을이지만 가을의 색깔은 아직도 남아있다. 가을 나그네에 걸맞게 허름하게 집을 나서야지. 남부 독일의 튀빙겐까지는 내가 살고 있는 본(Bonn)에서 꽤 먼 거리다. 동트기 전에 나는 든든하고 날쌔고 안온한 기차에 몸을 실었다.

라인강은 지렁이처럼 몸을 뒹굴며 흐르고 기차는 또 이 모습에 맞춰 달린다. 강변에는 수많은 포도밭들이 장관을 이루어 향긋한 포도주를 상상케 하고 구미를 당기게 한다. 코블렌쯔에는 서쪽에서 흘러드는 모젤강도 합류해 강의 폭이 훨씬 넓다. 모젤강은 프랑스와 룩셈부르크며 독일의 작은 개천들이 합류해서 오래된 도시 트리어를 거쳐 라인강으로 흘러든다. 모젤강변의 포도밭에서 생산된 포도주는 달고 새콤한 맛을 내는 특징이 있어서 초보자에게도 아주 적합하다. 나도 바로 이 모젤산 포도주로 입문하지 않았던가.

코블렌쯔를 지나 남쪽으로 조금만 더 내려가면 상트고아(St. Goar)를 지나게 되는데, 여기선 라인강의 저편에 있는 로렐라이 언덕이 눈에 다 들어온다. 연이어져 있는 언덕들, 낮은 산들이며 또 이 산에 꼬옥 끌어 안겨진 동화 같은 마을들, 고풍스럽고 장엄한 성곽들은 로렐라이 언덕을 아름답게 단장해준다. 이곳들은

뱃사공을 도탄에 빠뜨린
'로렐라이 소녀'

내가 독일로 왔던 첫해의 가을에 박형(준엽)이랑 독일 녀석 노베르트와 함께 샅샅이 뒤척인 곳이다. 로렐라이 언덕을 바라보면서 하이네의 시구(詩句)를 떠올려본다. 이 시(詩)의 주인공들인 뱃사공과 로렐라이 소녀는 아무런 흔적을 보이지 않지만 라인 강물은 빠르게 흐르고 있다. 예사로운 로렐라이를 그러나 비범한 로렐라이로 만든 것은 저기에 드러나 있는 로렐라이 언덕 자체보다도 또 로렐라이의 전설보다도 시인 하이네의 시(詩)인 것이다.

전설의 모델 로렐라이 언덕

계속 라인강물이 흘러오는 쪽을 추적해 가며 남쪽으로 달리면 어느 곳과 다름없이 라인강의 젖을 먹고 자라는 마을과 초원이며 포도밭과 도시들이 색깔을 바꿔가며 나타난다. 마인쯔와 만하임을 지나면서 (가끔 우리의 기차는 강이 못 보는 곳으로 숨바꼭질을 했지만) 계속 남쪽으로 곤두박질하면 프랑스에 가까운 카알스루에에 도착한다. 여기선 그러나 라인강과 작별을 해야 하는 지점이다. 어느새 강은 서쪽으로 도망치고 (프랑스와 국경지대로 흐른다.) 나도 강을 쫓는 피로에 지쳐 잠에 빠져들고 만다. 이윽고 기차는 평퍼짐하게 퍼진 남부 독일의 슈투트가르트에 도착한다. 이젠 툭툭 털고 일어나 기차를 갈아타야 한다.

여기서 기차로 약 한 시간 걸리는 튀빙겐으로의 길은 옛날 슈바벤 경건주의가 뿌리박은 공간을 관통한다. 큰 타원을 그리며 굽는 기찻길의 옆에는 전통을 잇고 또 되살린 고전풍의 건물과 마을들이 더러 나타나기도 했다. 그러나 독일의 산업화와 경제부흥을 일으킬 때 이 지역은 공업지대로 엄청난 탈바꿈을 했다. 그래서 마을이 바뀌고 때론 평원이 스쳐 지나갈 대에 슈바벤의 경건주의의 대부들인 벵겔이나 외팅거며 필립 마테우스 한과 같은 인물이 떠올랐지만 공장과 산업시설 때문에 이들의 흔적이나 분위기는 오히려 매몰되는 느낌이다. 그러나 어딘가는 그들의 정신이 녹아 있을 것이고 또 이 지방에서 자라난 횔더린과 그의 친구들(헤겔과 셸링 등)의 정신도 터 잡고 있을 것이라고 여겨졌다. 한 시간밖에 걸리지 않는 거리라서 그런지, 경건주의의 낌새를 더듬는 순간에 벌써 튀빙겐이 나타났다. 이 도시를 흐르는 넥카강은 (폭이 얇은 곳엔) 개천 같기도 한 작은 강이다. 그러나 횔더린의 꿈을 키우기에 충분했으리라.

나는 이 도시에서 해야 할 여타의 일정을 빨리 마무리하고 저 고독하고 불행했던 시인의 흔적을 쫓기로 했다. 작은 도시 튀빙겐은 횔더린이 생활하고 사색하며 산책했을 공간들을 나름대로 간직하고 있었다. 그 때의 마을과 건물들, 시장, 성곽, 대학, 친구였던 헤겔이며 셸링과 함께 머물렀던 기숙사, 그리고 그가 만년에 살았던 집('횔더린 성')이며 넥카강가의 오솔길과 나무들 …….

나는 넥카강변에 서 있다. 침침한 강물은 그러나 아무런 반응을 하지 않는다. 횔더린이 투병생활을 하다 돌아갔던 집('횔더린 성')은 자신의 모습을 넥카강물에 드리우고 있다. 백조들은 뭔가 신비한 비밀을 쪼아 물기 위해 강물에 고개를 처박고 있으나 오히려 침묵의 파문만 일으킨다. 강물과 백조며 '횔더린 성'과 들장미도 다 입을 다물고서 그때 있었던 비밀을 드러내지 않는다. 그의 「삶의 절반」에서 시(詩)의 집을 지었던 건축사들은 이처럼 모두 있다(비록 동일한 건축사들이 아닐지라도). 강 가운데에 작은 섬을 이룬 삼각주엔 너도밤나무들이 진을 쳐서 이 가을날의 낙엽더미를 대지 위에 흩뿌려 놓았다. 바스락거리는 소리에 파묻혀 아래쪽으로 발걸음을 옮기면 거기에 이미 고목이 된 배나무가 한 그루 나타난다. 시인에게 굵고 노란 배와 같은 시의 언어를 선사한 이 배나무는 자신의 모습을 비틀어서 고목의 기색을 지니지만 앙칼지게 건강한 자태를 드러낸다. 퍽 정답기에 쓰다듬어 본다.

외계에 드러난 자연은 자신이 거기서 나온 처소와 또 자신을 보낸 절대자를 말해주지 않는다. 아무도 자연의 배후에 숨은 침묵을 깨뜨릴 수 없다. 그 때문에 독일낭만파의 걸출한 인물들은 병들어 누웠었다. 시인은 이 현상의 배후에 있는 절대자에 대한 신비적이며 오묘한 열정으로 말미암아 삶의 역량을 다 쏟아 붓는다. 이러한 영역도 시인과 철학자가 만나는 공간이다.

땅거미가 질 땐 강물 속에다 몸을 드리웠던 배나무와 들장미며 '횔더린 성'도 자신들의 그림자를 지우고 만다. 그리곤 모두가 살랑거리는 바람 속에 자신들의 비밀을 실은 채 이리저리 떠돌고 있다. 나는 「삶의 절반」을 지었던 건축사들과 작별을 고하고 발걸음을 돌린다.

집으로 돌아가는 길목엔 산허리에 비스듬히 자리 잡은 공원묘지가 나타난다. 거기에 횔더린은 다른 이웃 영혼들과 함께 잠들어 있다. 가난한 시인이었던 만큼 특별히 호화롭게 단장된 대리석도 없이 함초롬히 누워 있다. 그의 비석에 씌어있는 짧은 시구는 촌철살인같이 나의 머리카락을 꼿꼿이 세워 일으키고 소름을 끼치게 했다.

폭풍우의
가장 성스런 회오리 속에서
나의 무덤 벽은
붕괴되고 말 것이다.

그리하여
지극히 자유롭고 영광스럽게
나의 영(Geist)은
아직 알려지지 않은 미지의
나라로 나아가리라.

그런데 우리가 우선 주목해야 하는 것은 "성스런 회오리 속에서 무덤벽이 붕괴되는 것"에 대한 철학적인 통찰이다. 지상적인 논리로서는 믿어지지 않는 부분이다. 우리는 고대 그리스 철학에서의 영(Nus)과 독일 낭만파의 살아있고 활동하는 '정신' 또는 '영'(Geist)의 철학에 세심한 주의를 기울여야 만이 이해할 수 있다. "무덤 벽이 붕괴되는 것"은 동시에 영원한 실재와 신적인 비밀을 가리웠던 베일—모든 울타리와 장벽들, 현상적인 것과 사물적인 것, 육체적이고 감각적인 것, 순간적이고 소멸하는 것 등등 — 이 찢어지는 것을 암시하고 있다.

가엾은 방랑의 시인은 운명의 어두운 그림자에 짓눌려 고독하게 살았지만, 이제 무덤벽을 깨고 광휘에 찬 모습으로 "아직 알려지지 않은 나라"(das unbekannte Land)로 나아간다. 이 낯선 미지의 나라야말로 그리스적인 신화와 기독교적 파라다이스를 포괄하는 시인의 왕국이리라. 그리고 이 왕국으로 나아감은 횔더린 자신과 독일 낭만파들이 추구했던 목표가 실현되는 것을 대변하는 것이리라. 이 낯선 미지의 나라야말로 인간존재가 추구하고 꿈꾸는 마지막 본향이 아닐까.

어느새 눈썹 같은 달은 떠서 공원묘지와 숲을 비추고, 나는 어슴푸레한 어둠 속에서 산비탈 위로 난 길을 따라 먼 도시의 전등불이 켜진 곳으로 발걸음을 옮긴다. 잘 잠드세요 횔더린, 서로 맞물려 있기도 하고 떨어져 있기도 한 삶과 죽음, 이승과 저승, 차안과 피안, 시간과 영원, 현상과 이데아, 절대자와 인간에 대한 세계의 비밀이 밝혀지는 날까지.

그가 불행하다는 것은 가난과 고독에 짓눌려 산 것 때문만은 아니다. 차가운 이성(理性)과의 불협화음은 그를 가혹한 곤궁으로 몰아넣었다. 어느 은행가의 아내 주제테 콘타트(횔더린의 '디오티마')와의 사이에 벌어진 파토스적 사랑사건이다. 그의 날아가는 신화의 세계는 이성에게 발목을 잡혔다. 그는 이성의 저주와 농간에 삶을 저당 잡히고 만 격이고 또 냉철하게 사색하는 로고스의 신 아폴론의 돌팔매질에 상처를 당한 격이다. 그는 이 아폴론의 질투를 사서 운명의 파도가 휘몰아치는 심해에 내팽개쳐졌으며, 거기서 그는 헤엄쳐 나오지 못했다. 왜 멀쩡한 어느 은행가의 아내가 사랑의 여사제 디오티마로 낙인찍혀야 했으며 또 왜 자신의 운명이 거기에 묶여야 했는가. 그는 주제테 콘타트를 마치 천국으로 안내한 단테의 베아트리체로 생각했을까.

그는 그러나 낭만파의 정신을 너무 성급히 현상화했다. 이 강압적인 현상화는 그의 신비롭고 성스러운 "아직 알려지지 않은 나라"를 오아시스가 아닌 신기루로 만들어 버리고 만다.

그는 그리스 신화의 세계를 비행하다가 브레이크를 걸어야 할 시점을 놓치고 말았다. 운명의 실타래는 풀리기는커녕 오히려 그를 칭칭 감고 미궁 속으로 끌고 가버렸다. 그와 디오티마의 절망적 탄식은 생명의 추구라기보다는 오히려 생명의 고갈로 변하고 만다. 이와 같은 처절한 안타까움의 현상은 그의 시에도 나타난다 (「저녁의 환상」): "황혼녘에 봄은 피어오르고/ 수많은 장미꽃 피워선 황금의 세계가 은은히 비친다./ 아, 거기로 날 데려가 다오." 그러나 이러한 세계는 현실로 맞바뀌지거나 주어지기보다는 환상으로 굳어버리고 만다. "허나 이 어리석은 간청에 질린 듯 황홀경은 달아나 버리고/ 사방은 어두워지며…."

횔더린은 비극의 파노라마에 방향을 잃고 파멸의 세계로 끌려가고 만다. "위험이 있는 곳에 구제도 싹트나니"(「파트모스」)라고 그는 시를 읊었지만, 정작 자신은 이 위기에서 구제되지 못했다.

그의 '디오티마'는 사랑의 열병에 시달리고 또 폐결핵과 정신분열에 시달려 끝내 세상을 떠나고 만다. 횔더린 또한 이러한 처참한 운명의 폭풍우 속으로 빠져들어 병들고 만다. 그는 이제 자신의 여생동안 정신분열증 속에 버둥거리다가 '어머니 대지'를 떠나고 말았다.

운명의 여신 클로토가 횔더린의 운명을 베틀에다 짠 것은 너무나 가혹하다. 아무리 신들이 질투를 한다지만, 도대체 무얼 얻고자 그를 이성의 족쇄로 채우고 말았는가. 그래서 그는 불쌍하고 가련하다. 그래서 그에게 (비이성적이든 초이성적이든) 연민의 정이 쏠린다.

그에게서 이성의 허약성은 감추어지지 않는다. 때론 사람들은 '이성'을 차갑다고 표현하고, 또 문학이나 예술세계에선 달가운 손님으로 생각진 않는다. 오히려 그보다는 '상상'이나 '정서'며 '감성' 등을 높이 평가한다. 그러나 '이성'이야말로 횔더린에게서 하나의 구원이고 구세주가 아닐 수 없다.(최소한 그의 '디오티마'를 위해서도!)

그는 연민의 정을 받을 수 있다. 그는 저러한 이성으로부터 감금된 상태에서도 때론 천상의 시어(詩語)를 재료로 하여 '존재의 집'(하이데거)을 쌓았다. 그는 '디오니소스의 사제'이고 '성스러운 불의 파수꾼'(F. 군돌프)이다. 그는 가혹한 '이성의 간계'(List der Vernunft : 헤겔)에 희생되었지만 '시인 중의 시인'(하이데거) 이 될 자격이 있다. 그는 불을 인간에게 선사하고 신들로부터 저주를 받은 프로메테우스처럼 불멸하는 신화의 비밀을 지상의 언어로 풀어주고 그 대신 이성의 저주를 받은 셈이다. 그는 진실로 '휘페리온'이다.

'궁핍한 시대에서의 시인'(Dichter in duerftiger Zeit : 「빵과 포도주」에서)은 무엇을 뜻하는가? 도대체 '왜 궁핍한 시대'인가? 그것은 신(神)들이 우리 곁을 떠나버렸기 때문이고, '세계의 밤'(Weltnacht)이 지배하는 가운데 더욱 더 궁핍해져가기 때문이며, 신의 부재(不在)를 부재로 알아채지 못하기 때문이다. '궁핍한 시대'는 하이데거의 논의에서 신들이 도피해버리고 난 뒤의 시간과 아직 도래해야할 신이 오지 않은, 즉 이들 사이에 있는 시대이다. 따라서 두 겹의 결핍과 부재(不在)가 지배하는 시대인 것이다: "도피한 신들이 더 이상 현존하지 않는다(Nichtmehr)는 것과 도래해야 할 신(神)의 아직 없음(Nochnicht)이다."

그러나 문제는 여기서 그치지 않는다. 그것은 신들과 신(神)이 자취를 감춰버린 것뿐만 아니라, 신성의 빛마저도 세계사에서 꺼져버렸다는 것이다. '세계의 밤'이 깊어지듯이 '궁핍한 시대' 또한 더욱 궁핍해져, 이제는 '신의 결여'(Fehl Gottes)를 결여로 알아차리지 못하는 상황으로 되어버렸다. 그런데 하이데거는 릴케의 시(詩)를 해석하면서 이 '궁핍한 시대'를 또 다른 각도에서 지적하고 있다: "궁핍한 시대가 계속되는 것은 신이 죽었기 때문만은 아니다. 그것은 '죽어야 할 인간들이'(die Sterblichen) 다른 아닌 자기 고유의 죽어야 하는 운명을 전혀 알지 못할 뿐만 아니라, 어찌할 바를 모르기 때문이다."

'궁핍한 시대'는 니힐리즘이 지배하고 있는 시대로서 신들이 도피해버린 과거와 아직 도래하지 않은 신(神)의 미래 사이에 위치하고 있는 역사적 현재이다. 도피해버린 신들은 과거를, 그리고 아직 도래하지 않은 신은 미래를 지시하는 암호이지만, 이때 과거의 신들은 어떤 연대기적으로 확정할 수 있는 시기의 신들이 아니며, 특히 '도래하는 신'(der kommende Gott) 또한 어떤 연대기적 시공에서 현현(顯現)하여 계시하고 공포하는 그런 신이 아니다.

신들이 도피한 줄도 모르고, '세계의 밤'이 깊어진 것도 모르며, 니힐리즘이 지배하는 것도 모르는 상태에서 우리가 구제를 말하기는 참으로 어렵기만 하다. 과연 현대를 살아가는 우리에겐 신적인 것의 요소와 성스러움은 고갈되지 않았으며, 존재의미는 망각된 상태가 아닌가? 오늘날은 신의 존재를 필요로 느끼는 시대가 아니다. 눈에 보이지 않는 것엔 철저하게 외면당하는 시대인 것이다. 신의 부재함은 단순히 신을 잃어버린 것이 아니라, 신을 경험할 수 없는 상태에 머물고 있다는 것이며, 심지어 그의 존재에 대해 아무런 곤궁이나 필요를 못 느낀다는 것이다. 신의 신성에 대해 아무런 감각이 없다면, 그것은 실제적인 무신론자와 다름이 없다. 그러기에 횔더린과 하이데거의 말이 생소하게만 들릴 것이다.

그러나 시인은 신과 신들이 도피해버린 세계를 주시하고, '세계의 밤'을 꿰뚫어보고 있으며, 그 도피한 흔적을 찾아 나선다. 도피해버린 신들의 도래를 위한 에테르의 요소, 즉 '성스러움'(das Heilige)은 곧 이들 신들의 흔적(Spur)인 것이다. 시인은 곧 이러한 흔적의 낌새를 알아차린다. "궁핍한 시대에서의 시인이라고 하면 도피해버린 신들의 흔적을 노래하면서 눈여겨보는 것이다." 그리하여 시인은 '세계의 밤'이 지배하는 공허 가운데에 굳게 서 있다. 그래서 이때 시인이라고 할 수 있는 것은 도피해버린 신들이 남긴 흔적을 뒤밟아 나서는 인간을 말한다.

시인은 신들의 윙크를 붙잡아 이를 노래하면서 백성들에게 전하고, 철학자 또한 저들의 암호를(또한 우주의 비밀과 신비와 상징을) 해독하여 사람들에게 알린다. 그리하여 그들은 백성들을 '궁핍한 시대'로부터, 어두운 '세계의 밤'으로부터, 우매와 맹종과 방황으로부터 구출해야 한다. 그리하여 우리는 저들의 메시지를 전해 듣고서 신과 신들이 존재하는 곳으로 '귀향'해야 하며, 신들이 우리 곁에 거할 수 있도록 그들의 자리를 마련해야 한다. 횔더린의 '귀향'(Heimkunft)을 하이데거는 "존재의 근원에로의 근접"이라고 해명했다. 하이데거에게서 횔더린은 도피해버린 신들과 도래해야 할 신을 노래하고, 현재 이들이 부재하고 없음을 부재로 알고 또 이들의 낌새를 알아차려서 이를 언어로 가져온 시인이다. 그렇다면 하이데거의 횔더린은 '궁핍한 시대'를 뒤집고 새로운 역사를 드러내는 시인이다.

여기서 우리는 시인과 철학자의 오묘한 고향의 개념을 엿볼 수 있다. 사실 철학적 성찰의 노력은 본래성과 근원—이를 우리는 친숙한 용어로 '고향'이라고 하자—을 찾아가는 분투인 것이다. 그래서 시인 노발리스는 "철학은 본질적 의미에서 하나의 향수병이다. 그것은 전적으로 고향에 머물고자 하는 충동이다"고 하여 예리하게 철학의 본질을 꿰뚫어보았다.

하이데거는 횔더린의 시(詩)를 해명하면서 고향을 '존재자체의 근저'로 또한 '근원에 가까운 곳'이라고 한다. 따라서 '귀향'이라고 하는 것은 하이데거에게서 '근원의 가까이로 돌아감'이다. 이 근원의 가까이에 있음을 하이데거는 하나의 '비길'이라고 칭한다. 하이데거에 의하면 시인은 "근원에로 가까이 옴으로 말미암아 고향에로 다가온다." 이토록 하이데거가 여러 가지 표현으로 고향과 근원을 연결짓는 것은 고향이 곧 근원과 유사어임을 밝히는 것이다. 그렇다면 하이데거에게서 인간의 '고향상실'(Heimatlosigkeit)이라는 용어는 곧 '존재망각'이며 '본래성 상실'과 유사어인 셈이고, 존재를 망각한 시대야말로 다시금 '신(神)이 떠나 가버린 시대', 즉 신(神)상실의 시대와도 맥락을 같이한다.

하이데거에게서 시인의 시(詩)는 '하늘의 메아리'(Echo des Himmels)이고, 그는 인간과 절대자 사이의 중매자이며 궁핍한 시대의 백성을 일깨우는 예언자이고 전령인 것이다. 그에게서 시작(詩作)은 하나의 신적인 소명이고 동시에 시인의 사명인 것이다. 횔더린은 「빵과 포도주」에서 시인을 뭐라고 하는가?:

> 이 궁핍한 시대에 왜 시인들이 태어났는지,
> 나는 알지를 못한다.
> 그러나 그들은 (친구여, 말할테지)25) 성스러운 밤에
> 이 나라에서 저 나라로 흘러 다니는
> 주신(酒神)의 성스러운 사제(司祭)들과 같노라.

---

25) 「빵과 포도주」의 시(詩)는 친구 Heinze에게 보내는 형식으로 쓰여졌다.

시와 철학은 그리고 시인과 철학자는 여러 부분에서 서로 공통적인 성격을 갖고 있다. 시인의 시작과 철인의 사유의 샘에서 '존재의 집'(das Haus des Seins)을 쌓는 언어가 창조된다. 또 하이데거에 의하면 시인과 철인은 이 '존재의 집'의 파수꾼이다. 이러한 언어야말로 우리가 예사롭게 주고받으며 종이에 옮기고 교통하는 도구로서의 언어가 아니다. 그것은 우리의 눈앞에 굵직하게 나타나고 발성되는 언어가 아닌 것이다. 그러나 우리의 언어는 그럼에도 불구하고 저러한 존재언어를 얼마만큼 담을 수 있기도 하고 또 담지 못할 수도 있는 껍데기인 것이다. 이러한 존재언어는 그리스적 의미의 로고스며 아직 현전(現前)하지 않다거나 이미 퇴락해 버린 (그래서 그저 예사로운) 언어의 세계에 빛과 호흡을 부여하고 의미(Sinn)를 심는 언어인 것이다.

'궁핍한 시대에서의 시인'이 암시하는 바와 같이 시는 신적인 세계와 인간적인 세계며 천상과 지상을, '아직 알려지지 않은 나라'(das unbekannte Land)와 현전(現前)의 나라를 중매하는 작업인 것이다. '디오니소스의 사제'와 같은 말이나 '성스러운 불의 파수꾼'(F. 군돌프)과 같은 명칭은 곧 이런 중매인을 의미한다. 중매자의 위치에서 시작(詩作)하는 시인은 신적인 세계와 인간의 세계며 초자연과 자연을 중매하는 해석자인 것이다. 초월의 지평과 초자연적이고 초인간적인 지평에 열려 있지 않은 사람에겐 이러한 소리야말로 퍽 생소할 것이다.

사명과 소명으로 각인된 '궁핍한 시대에서의 시인'은 '시인직'(Dichterberuf, Dichteramt)이란 용어로 대변된다. 우리에게는 도무지 낯선 용어이다. 그러나 바로 여기에 횔더린을 이해할 수 있느냐와 없느냐가 갈린다. 이 '시인직'은 그에게서 사제직과 직결되고 또 어쩌면 사제직 이상이었던 것이다. 그는 시작(詩作)을 신의 소명으로 받아들였다. 그러기에 그는 튀빙겐에서 공부했던 신학으로 목사직을 수행하여 지상에서 구차하지 않는 삶을 꾸릴 수도 있었으나 그렇게 하지 않았다. 시인직은 곧 바로 성직이고 신의 전령직이다. 구약성서의 『시편』의 기자를 떠 올려보고 그 시편의 위치를 생각해보면 우리는 '시인직'의 위상을 이해할 것이다. 우리는 이 '시인직'의 수수께끼를 풀지 못하면 그의 예술혼이 갖는 깊고 고매한 위치를 이해하지 못할 것이다. 그러나 우리의 세상은 그토록 형식과 제도에 얽매인 나머지 이를 이해하지 못한다. 그래서 횔더린은 어려서부터 교리와 계명에 얽매인 종교와 갈등을 빚었다. 편협한 교리중심의 교회는 대지와 빛이며 디오니소스의 축제와 천공과의 만남을 통한 신적 경험을 좋아하지 않았다.

시인은 무엇을 노래하는가? 그리고 그의 사명은 무엇인가? 만약 시인의 시(詩)가 인간의 시선을 지상에서 천상으로, 생성소멸의 세계에서 영원불멸의 세계로, 예사롭고 속된 것에서 성스러운 것에로, 무의미의 세계에서 의미의 세계로 돌리게 하는 마력(예술혼!)이 없으면 그것은 저차원에 속한, 사람들의 구미를 당기게 할 수는 있으나 신출내기의 시에 지나지 않는다. 그리고 이런 신출내기의 시는 세상에 많이 뒹군다. 이를테면 언어는 잘 조작되어 있으나 예술혼이 빠져 있는 경우, 고상한 신조어로 치장된 문장들, 형용사에 집착하는 시작(詩作), 감각주의나 감상주의의 저급한 예술혼, 수사학적 재능으로 짜깁기 한 것, 감정의 분출로 점철된 시구, 문학사조에 얽매인 테마, 심지어 말초신경을 자극하는 속물근성의 지껄임, ……. 사람을 변화시키는 혹은 새로운 것을 보게 하는 철학이 없는 시(詩)는 뭔가 절름발이의 시일 것이며, 뭔가 시의 본질에서 이탈되어 있다.

그러면 이러한 시의 세계와 철학의 공통점은 무엇인가? 초월자의 세계며 절대자의 세계, 영원하고 궁극적인 것, 존재와 구의 세계, 초인간적이고 신적인 세계, 우주의 신비며 삶의 의미와 같은 것들이 문제되지 않는다면 철학은 탄생하지 않았을 것이고 시인은 노래할 근거를 찾지 못할 것이다. 그렇다면 철인과 시인은 그러한 수고를 할 필요도 없을 것이다. 시인과 철학자는—적어도 하이데거와 횔더린의 견지에서— 저러한 세계를 봐야 한다. 그들은 뭔가 다른 세계, 남들이 못 듣고 못 보는 세계를 듣고 또 볼 줄 알아야 한다. 시인의 시(詩)와 철학자의 통찰에서 새로운 세계가 지평 위로 떠오르는 것이다.

철학은 적어도 플라톤적으로 말하면 경이 (Thaumas)의 딸 이리스(Iris)인 것이다. 이리스는 제우스와 헤라의 전령으로 신과 인간 사이를 오가며 천상과 지상을 연결하는 중매인 역할을 한다. 그래서 이리스는 한쪽의 끝(뿌리)을 천상에다 두고 또 다른 한쪽의 끝(뿌리)을 지상에다 박은 무지개로 불린다. 철학은 앞에서 시작(詩作)이 그랬던 것처럼 인간의 눈을 하찮은 일상의 세계에서 천상으로 돌리게 한다. (그래서 철학은 하늘을 보다가 시궁창에 빠진 탈레스의 체험을 고귀하게 여긴다. 게다가 육안으로 볼 수 없는 초하늘과 정신의 하늘을 떠올려보자). 철학은 무의미에서 의미의 세계로, 일상에서 초월로, 생성소멸의 세계에서 영원불멸의 세계로, 속된 것에서 성스러운 것에로, 조야한 것에서 숭고한 것에로, 지상에서 천상에로 향하도록 한다. 그래서 '궁핍한 시대에서의 시인'은 곧 '궁핍한 시대에서의 철학자'(Denker in Duerftiger Zeit : 칼 뢰비트가 하이데거를 일컬은 말)인 것이다.

철학의 향연

'정신의 빈곤시대'에서의 철학이란 무엇인가? 철학의 자화상은 험상궂게 찌그러졌고 그에 따른 '인간성 위기'와 가치관의 상실, 실존의 망각, 천박의 득세 등등 기이한 현상들이 세상을 평정했다. 황금만능주의와 물질문명으로 얼룩진 철두철미한 형이하학시대에서의 철학은 '만학의 여왕'이나 '학문 중의 학문'은 고사하고 이미 '과학기술의 노비'로 전락되었으며 더 이상 사람들의 관심의 대상도 되지 못한다. 그러나 이러한 형이하학 시대는 무르익었고 또 이러한 시대에 그 질병으로 드러난 '인간성의 위기'며 정신의 황폐화를 경고하는 사람이 있어도, 사람들의 반응은 "그것쯤이야 별 볼일 없다"는 식으로 굳었다.

물질문명의 바벨탑은 하늘 높은 줄 모르고 치솟고 있는데 정신문화는 고갈의 늪에서 허우적거리고 있다.

오늘날 우리 인류는 귀중한 철학의 유산을 잃어버리고서 방황하고 있다. 현대인들이 찾는 것은 고대의 철인들이 남긴 지혜의 보물도 아니고, 불멸하는 존재와 삶의 의미에 대한 질문도 아니다. 오늘날 인류의 생활방식과 사회의 구조는 주로 안목에 펼쳐지는 자질구레한 것에로 쏠려있다. 모든 부분에 세속화 작업이 일어났고 또 무엇보다도 고귀한 삶이나 삶의 깊은 의미(형이상학적인 것)에 대해서 관심 두기를 꺼려한다. 대부분 경제타령이고 물질전쟁이며, 돈과 안락의 굴레와 마력에 감금된 채 일생을 보낸다. 철학은 점점 낯설어지고 사람들로부터 외면되었다. 이들의 관심영역을 채우는 것은 안목의 세계에 굵직하게 나타나는 것과 이승에서 화려하게 펼쳐지는 것이다.

언제 우리는 본래성을 획득하며 험난한 세상을 꿰뚫고 인간성을 고귀하게 승화시켜주는 사유의 세계로 나아갈 것이며, 언제 우리는 도대체 철학이 있는 삶에로 다시 귀환할 것인가.

여기 그러나 기상천외의 현상이기도 한 듯 한여름의 더위를 불식시키는 철학의 향연이 엄청나게 큰 강당에서 펼쳐지고 있다.

칠월의 여름더위를 아랑곳하지 않고 강당에는 사람들로 가득 찼다. 워낙 큰 강당이라서 그런지 천정에 많은 전구들이 켜져 있지만 약간은 어두컴컴한 분위기이고 또 이것은 오히려 철학강의에 더욱 걸맞는 느낌이다. 다들 시몬교수의 철학강의에 대한 기대로 진지한 분위기가 감돈다. 마침 지각한 어떤 여학생이 문을 열고 들어와 더 이상 앉을 자리가 없어 맨 바닥에 퍼져 앉은 몇몇 사람의 곁에 주저앉는다.

강당엔 사람들로 가득 찼지만 개최되는 것은 무슨 특별강연도 아니고 유명인사의 초청강연도 아닌 보통의 철학강의다. 더구나 시몬교수가 강의로 맡은 이번 교과목은 「형이상학과 인식」으로서 철학공부에 길들지 않은 사람에겐 썩 재미있는 제목이 아니다. 그러나 사람들은 철학강의에 대한 기대와 철학에 대한 열망으로 고조된 분위기다. 플라톤의 아카데미에도 사람들이 대단한 설렘으로 철학공부에 열을 올렸겠지.

시몬교수는 철학사에 등장하는 철학파와 철학자를 중심으로 형이상학의 깊은 의미와 또 그 인식의 문제에 대해 열강을 하고 사람들은 귀를 쫑그리고 들으며 경우에 따라선 열심히 필기를 하는 사람과 녹음을 하는 사람도 있다. 그는 가끔 청중들을 바라보며 설명을 덧붙이기도 하고 또 어떤 부분은 적당한 액센트로 강조하기도 한다. 그의 억양이나 수사학적인 능력, 굵고 음색이 좋은 바리톤 음성, 적당한 부분에 액센트를 구사하는 능력, 그 어떤 소피스트도 감당하지 못할 것 같은 설득력, 로마의 원로원을 무색하게 하는 변론능력, 때론 밝은 표정을 짓다가 또 어떤 땐 진지한 태도를 갖는 것 등, 밖으로 드러난 매력과 재능도 대단하다. 그러나 무엇보다도 많은 사람들이 강당을 꽉 메우는 것은 그야말로 철학자체에 대한 매력과 훌륭한 철학교수에 대한 학생들의 인식인 것이다.

시몬교수의 열강과 그 강의 내용에도 사로잡히지만 나로서는 철학이 이토록 시대의 정신고갈을 뛰어넘어 많은 사람들에게서 살아 움직이며 생동하고 있다는 것에 대한 감탄인 것이다. 이것이야말로 철학의 향연이고 또 철학이 베푸는 푸짐한 축제인 것이다.

시몬교수는 플라톤과 아리스토텔레스의 「형이상학과 인식」에 대해 강의했는데, 특히 플라톤의 심오한 이데아론(論)과 또 이 이데아의 세계를 조금이나마 인식할 수 있도록 하는 그의 유명한 세 가지 비유—즉 , 태양의 비유, 선의 비유, 동굴의 비유—에 대한 강의는 진지하고도 흥미로웠다. 이번 주에 그는 스토아학파의 철학에 재법 많은 시간을 부여하고 있다. 방금 스토아학파의 조화와 질서의 자연("자연에 따라서 살아라"가 스토아학파의 도토인 것이다.)—그래서 형이상학적인 자연 자체와 또 인식의 근거를 제공해주는 조화와 질서의 문제—에 대해 약간 언급하고는 휴식시간을 알렸다.

휴식시간동안 나는 아래층에 있는 카페테리아에 앉아서 스토아학파를 비롯한 고대 그리스와 로마의 철인들과 또 그들에게서 베풀어졌던 철학적 향연의 세계를 떠올려보고, 그리고는 우리가 살고 있는 이 궁핍한 시대와 비교해 보았다.

철학이 일상의 생활 속에서도 꽃 피었던 옛날 고대 그리스의 사람들은 얼마나 덕과 지혜를 구하기를 좋아했을까. 그들의 도시 아테네의 이름은 곧 지혜의 여신 아테네의 이름에서 유래한 것이다. 시장과 시내의 거리를 거닐면서 철학을 했던 소크라테스, 대낮에 등불을 켜고서 착한 사람을 찾느라 길을 나선 디오게네스, 철인 탈레스를 만나려고 지중해를 건너고 또 탈레스의 집에 수개월에 걸쳐 머물렀던 솔론, 존재의 신비를 깨닫기 위해 '태고의 문'에 수없이 들락날락했던 파르메니데스, 신전의 주랑 사이를 오가며 명상했던 헤라클레이토스, 그들의 학당에서 철학의 불꽃을 피웠던 플라톤과 아리스토텔레스, …….

그런데 만약 오늘날 누군가 소크라테스처럼 철학을 한답시고 시장통을 오가며 사람들에게 철학적인 질문을 던진다면 '돌았다'는 식으로 이상하게 보겠지. 그래, 그만큼 세상은 많이도 바뀌었다.

그런데 고대 로마의 철인 황제 마르쿠스 아우렐리우스는 또 얼마나 덕과 지혜로서 정치를 했던 것인가. 르네상스와 로마의 문화에 정통했던 월터 페이터는 그의 『페이터의 산문』에서 아우렐리우스의 덕스러운 지혜와 정치를 구석구석 드러내고 있다.

우리는 아우렐리우스가 황제라는 지위를 갖고 있었다는 것에 귀 기울일 필요는 없다. 그도 역시— 그의 『명상록』속에서 부질

없는 권력에 대해 말하는 것처럼, 또 월터 페이터가 그의 산문에서 밝히듯이— 권력의 영광에 대해선 별로 관심을 나타내지 않았었다. 그러나 우리는 그가 자연의 철학적 이치를 덕과 조화시킨 심오한 지혜로서 정치에 임했다는 것에 놀라워하는 것이다. 그도 스토아학파가 견지했듯이 인종과 귀천이며 빈부의 차별 없이 모두가 평등한 세계의 시민이라는 '세계 시민정신'을 설파한 것이다. 또 로마의 다른 황제 같았으면 자신들의 보물로 될 것을 그는 원로원과 국민의 것이라고 했다. 월터 페이터는 이 부분에서 아우렐리우스야말로 철인 플라톤이 제창한 군주의 덕을 가졌다고 밝힌다: "왕이 자기 성에 갖고 있는 것 중에서 어느 하나도 제 것이라고 하지 않는 왕이야말로 플라톤이 달한 진정한 군주가 아니겠는가?"26) 아우렐리우스 황제는 국민의 세금부담에 괴로워 한 나머지 황실의 재산, 이를테면 궁전을 꾸미는 호화스러운 장식이며 가구, 하드리안 황제에 의해 수집된 엄청난 금은보화는 물론, 이름난 화가와 조각가들의 그림과 조각들, 심지어 아무런 불평 없이 처분만을 바라는 파우스티나 왕비의 값진 의상들까지 모아 전부 공매에 붙이기도 했다. 그가 이와 같이 백성에 대한 자비와 연민의 정으로 가득 찬 것을 페이터가 기술한 한 대목만 참고해도 우리는 충분히 짐작할 수 있다: "전쟁으로부터 로마로의 일시적 개선을 축하할 때에도 아우렐리우스는 원하는 자에게 금화를 분배해 주었는데 그보다도 백성이 국가에 진 부채를 전부 갚은 것으로 해서 무효화시켰다. 황제는 근사하게 공고했다. 로마인들로 하여금 이 황제의 거동과 자비를 보고 환호하는 가운데, 온 시민이 거창한 불꽃놀이를 구경하러 나온 가운데 황제는 그 대형 모닥불 속에다 손수 모든 빚문서와 채무증서를 던져 태워버렸다. 많은 사람들에게 빚을 준 채권자들도 황제

26) 월터 페이터(민동선 역): 『페이터의 산문』, 199쪽, 청목사.

의 선행을 따라 문서를 던졌다. 참으로 장쾌한 광경이었다."[27]

아우렐리우스 황제가 자비와 연민의 정이며 온후한 마음으로 선한 정치를 베푼 것을 다른 훌륭한 통치자들도 할 수는 있을 것이다. 그러나 어떤 정치적 훈계나 명령보다는 번쩍이는 지혜와 덕으로 설파하고 실천했다는 것은 오늘날 '내로라'하는 민주국가에서도 찾아보기 힘들다. 현대의 소위 민주주의 국가들의 통치자들은 주로 철학자 출신은 거의 없고, 경제나 법이며 행정과 군사 영역의 출신이 많아서 그런지, 철학에 대해선 조예도 없을 뿐만 아니라 관심도 없다.

철인황제 마르쿠스 아우렐리우스

27) 위의 책, 144쪽.

그뿐인가. 왕을 비롯한 통치자는 공동체의 애물단지가 될 소지가 다분히 많다. 그리고 옛날의 통치자가 계급과 권위로 군림한 데 비해 현대의 정치가는 주로 인기와 명예(그저 정치가라는 명목으로)며 돈(많은 보수)과 같은 것으로 군림한다. 물론 계급과 권위도 어느 정도는 전제된다. 이들에 의해 저런 면에서 인간 불평등의 양상이 드러난다. 이들은 외부적이고 물질적인 것에 항상 최고급을 요구한다.(모두 백성의 돈으로)—일류음식, 일류의복, 일류 자동차, 일류(초호화)호텔, 일류접대, 기타 등등. 이들은 항상 TV나 언론매체 등에서 일면(혹은 톱기사)으로 다뤄지고, 가소로운 것에도 언론매체들이 지나치게 비중이 있는 것처럼 다룬다. 이들은 툭하면 무슨 '명예박사'나 무슨 상을 도맡아 받고 또 거꾸로 툭하면 그런 것을 부여하고 '하사하는' 상석에 앉는다. 이들이 비행기로 이동할 일이 있으면 호들갑에 가깝도록 안전을 챙기게 되어 일반인의 존재가치와는 불평등을 스스로 드러낸다. 이들은 죽어도 애물단지다. 엄청난 사람들을 동원하게 되고 또 자신들의 무덤을 유별나기까지 호화롭게 갖추며, 거의 영원에 가까울 정도로 보존되기를 요구한다.

그래서 오늘날의 저질의 정치가들은 국민 앞에서 주로 자기의 업적을 치켜세우거나 계속적인 지지와 표를 얻기 위해 국민에게 아부하는 꼴이 현저하다.

그렇지만 이러한 우리의 시대에 아우렐리우스와 같은 철인황제가 등장하여 철학을 설파한다면 우리세대는 오히려 이를 웃음거리로 받아들이겠지. 그렇다, 세상은 많이 변했다. 현대인들은 삶의 의미든, 숭고한 가치든, 심오한 지혜든, 영원한 존재든, 철학에 관계된 것에 관심 두기를 거부한다. 사람들은 속된 길로 끝없이 걸어가고 멈춰 서기를 그만두지 않는다. 그래, 세상은 많이 변했다. 거기는 정상과 비정상이 뒤틀린 데가 흔하고, 속된 것이 더 가치 있다는 선언이 있으며, 저속한 것이 고매한 것의 구실을 하고, 천박한 것이 심오한 것을 얕보며, 허위가 더 진실보다 멋있다고 야단법석인 세상이다.

그러나 지혜의 로고스에 귀를 기울이는 사람들은 아직도 대를 이어 살아있다. 그들의 열정은 마치 헤라클레이토스(고대 그리스의 철인)의 '영원히 살아있는 불'과 같아서 꺼지지 않은 채 타오르고 있다. 이들은 곧 플라톤적인 에로스(Eroos)를 가진 자들로서 시간과 공간의 장벽을 허물고 마치 아카데미에 모여든 사람들처럼, 또한 아우렐리우스의 설파에 귀를 기울이는 사람들처럼, 오늘 이 시몬교수의 철학강의에서 마음의 문을 열고 사유의 나래를 펴는 사람들이다. 물론 이들 외에도 삶의 현장에서 철학을 하는 사람들이 더러 있을 것임에 틀림없다.

어떠했을까? 아우렐리우스황제가 지혜와 덕에 번뜩이는 철학을 설파했을 때? 월터 페이터는 그의 『페이터의 산문』에서 쾌락주의자 마리우스가 철인 황제의 설파에 의해 변화되고 교화되는 장면을 드라마틱하게 기술하고 있다. 마리우스는 교화되었지만 그러나 오늘날 우리의 세대는 도리어 마리우스를 우상시하고 있는 것이다. 인류가 이룩한 문명의 발전은 결국 육체적 안락이나 쾌락에 집중되어 있고, 자연에 등을 돌리며, 초월자를 허수아비로 만들고, 정신의 깊이와 높이에 한 치의 승화된 현상을 보여주지 않는다. 오히려 마리우스식의 세계관이 지극히 정상인 것으로 암암리에 또 노골적으로 받아들여지고 있다. 사람들은 마리우스가 되기 위해 온갖 에너지를 쏟아 붓고 그 외의 정신적인 (철학적인) 것에는 별로 관심이 없다. 현대인들은 철학의 기본적인 물음인 '왜' 질문을 더 이상 묻지 않을 뿐만 아니라 감각과 안목의 세계에 펼쳐지는 것의 배후에 놓인 것에 대해선 외면한다. 아울러 불멸하는 존재보다는 그저 순간적인 것에 목숨을 걸다시피

하고, 영혼을 승화시키는 숭고한 예술대신에 쾌락과 관능을 부추기는 것에 매달리며, 초월자나 절대자에 대해서도 관심 두기를 꺼린다.

저 로마의 마리우스는 다른 로마의 시민들과 함께 황제의 귀환길을 환영하는 자리에 서있었다—호기심에 가득한 채. 그러나 황제는 스토아 철학이 가르치는 바처럼 화려한 행차나 축제를 즐기지 않았으며 군중의 비위를 맞추려고도 하지 않았다. 그가 화려한 영예보다는 오히려 조촐한 것을 더 좋아하는 것을 원로원들도 익히 아는 바이었다. 또한 그가 사회적이고 도덕적인, 더 나아가 철학적인 어떤 우월감도 티끌만큼 갖지 않았다는 것을 월터 페이터는 기술하고 있다. 그의 자연의 철리를 꿰뚫는 도덕이 그렇듯이 "겸손과 소박으로 자신을 고양시키고 장식하라"는 오히려 고귀한 덕성과 온화한 성품을 가진 그의 모토였다.

그는 자신의 귀환을 위해 베풀어진 환영식에서 간단한 제사의 식을 마치고 또 그의 양쪽에 앉은 원로원들에게 정중히 인사를 한 뒤 환영인사에 답을 하고는 장엄한 연설을 하기 시작했다. 이 연설은 그러나 어떤 정치적인 훈시라거나 경제, 외교, 군사에 관계된 것이 아니라 오히려 철학강론에 가까웠다. 이는 마치 오늘의 철학강의처럼 하나의 아름다운 향연인 것이다.

월터 페이터는 이 철인 황제의 연설도입부분을 상당히 리얼하게 묘사하고, 특히 이 연설을 경청하는 사람들 중에 마리우스라는 쾌락주의자의 태도를 관찰하고 있다: "그 날의 주제는 차라리 소박하다고 할까, 아니면 진부하다고 할까? 그러서인지 그의 목소리는 장엄하면서도 애틋한 점이 있었다. 그의 논제도 모든 고대 로마 묘비명의 본질을 이루는 바로 그것으로, 사멸해버린 사람과 사물의 위에 다시 그 위에 겹겹으로 쌓아 올려진 무덤의 기념비와 같았다. 폐허가 되어버린 로마! 영웅주의의 허구! [……]

그는 입을 열자마자 어느 시대에나 금욕주의자가 지향하듯이, '너 자신을 낮추라!'하는 대목에 이야기가 도달했다. 그는 특히 죽은 뒤의 명성에 무척이나 연연하는 자들에 대해 세심히 관찰한 바를 이야기했다. [……] 마리우스는 이 금욕주의를 자기가 신봉하는 쾌락주의—그때그때 맛보고 보고 만져보라—와 비교했다. '네 마음속의 세계나 네 밖의 세계나 모두 강물처럼 흘러가버리는 것, 그러니 현재 이 자리에 있는 것을 최대한으로 이용하라!' 하는 것이 쾌락주의자 마리우스의 생각이었다. '이 세상도, 그 위에 존재하는 철인도 머지않아 불꽃처럼 스러지는 것, 네 눈을 모든 허무한 것으로부터 외면하라, 버리라, 모든 연민의 정으로부터 떠나라!' 황제는 그의 모든 위엄을 갖고 모든 사물을 보는데 있어서 이런 견해를 지닌 듯 했으며, 어디에서나 죽음의 그림자를 보는 듯했다. 마리우스는 모든 금욕주의자들이 한결 같이 말하는 것을 상기했다."[28)]

쾌락주의자 마리우스보다도 몇 갑절로 쾌락과 물질, 순간적인 것과 안목의 세계에 펼쳐진 것에 대한 집착으로 무장한 우리시대가 물론 스토아 철학의 금욕주의에 호감을 가지기는 만무하다. '절제의 덕'을 오히려 터부시하고 '인내'를 병리화시키는 것이 현대의 풍조다. 물론 우리도 지금 이 금욕주의의 도덕을 주제로 떠올리고서 실천할 것을 권유하는 것은 결코 아니다. 그렇지만 이 철학 속에 들어 있는 철학적 이치와 또 이 철리 속에 마음의 평정을 선사하는 (즉 파토스를 잠재우는) '아파테이아'(Apatheia: 격정이 없는 상태)가 있음을 망각해서는 안 되리라. 여기에도 '부동심'의 행복이 있고 초월과 초연의 지혜가 있으며 약한 창조물에 대한 각별한 애정과, 우주를 하나의 통일체로 보고 모든 인간이 인종과 귀천, 빈부의 차별 없이 평등한 세계의 시민이라는 '세계

---

28) 위의 책, 173~174쪽.

시민정신'이 있다. 그러나 우리들이 지금 심취하는 것은 철인황제 아우렐리우스와 청중들 사이에 철학의 향연이 펼쳐지고 있다는 것이고, 또 이러한 철학의 향연은 오늘날 정신의 고갈시대에 상상하기조차 힘든 고귀한 축제라는 것이다.

월터 페이터도 지적하듯이 아우렐리우스황제는 자주 철학 심포지엄을 가졌었고 때론 이 심포지엄에서 유명한 학자(이를테면 수사학자 코넬리우스 프론토 등)의 강연도 있었다.

우리는 여기서 한사코 물어봐야 한다: 왜 이러한 철학의 향연은 오늘날 우리시대에 낯설게 되었는가. 왜 우리시대는 이러한 향연을 베풀기를 주저하고 배척하는가.

우리는 저 철인황제가 베푼 철학의 향연에 참가하기 위해 월터 페이터가 쓴 산문을 부분적으로 발췌하여 인용하기로 하자.[29]

"[……]. 참다운 지혜로서 마음을 가다듬은 사람은 저 호머의 싯구절 하나만으로도 이 세상의 후회와 두려움으로부터 자유로워지기에 충분하다.

인간은 나뭇잎과 같은 것,
가을 바람이 낙엽을 쓸어 가면,
봄은 새 잎으로 숲을 덮는다.

잎, 잎, 작은 나뭇잎. 너의 어여쁜 자식도, 너의 아첨자도, 너의 원수도 전부 바람에 쓸려 가는 나뭇잎. 세상에서 너를 조롱하거나 멸시하는 사람들도, 갖은 수단을 동원해 너를 지옥에 빠뜨리려는 자도, 그리고 그들의 명성이 이 세상을 뒤덮는 사람들도 모두 바람에 휘날리는 나뭇잎이니 봄이 되어 돋아난 새 잎이 어느

29) 위의 책, 175~184쪽 참조.

새 무성해져 가을바람에 잎사귀를 전부 날리고 나면 숲은 새 잎으로 또 한 세대를 장식하는 것이다. 그 모든 것의 공통점은 오직 한 가지, 그 모든 것이 극히 미미하다는 것뿐이다. 그럼에도 그대는 마치 이런 것들이 영원히 지속되기라도 하는 양 미워하고 사랑하겠단 말인가? 한순간에 그대 눈도 감기고, 그대가 기대려던 그 사람도 다른 이의 짐이 되어버린 것이다. [……].

영겁의 시간 속에서 너의 생명이 극히 적음을 알라. 이런 일로 해서 희망에 들뜨고, 이런 일로 해서 슬픔에 빠지고, 이런 일로 해서 초조해 한다면 그 얼마나 어리석은가? 무한을 생각하고 그 속에 네가 차지한 몫을 생각해 보라. 과연 그것은 얼마나 작은 분자인가! 영원의 시간을 상기하고 너의 생명이 차지한 시간의 기막힘을 서글퍼하라. 운명을 생각하고 그 속에 한 점일 뿐인 너의 위치에 몸을 맡긴 채 여신이 그대를 써서 어떤 비단을 짜든 관계하지 말라."

"조물주는 자연의 사물로써 부지런히 한 영혼이 깃들 집을 짓는다. 짐승도 빚고 초목도 빚고 아기도 빚는다. 그 속에서 죽는 것도 결코 자연의 질서에서 사라지는 게 아니라 그 속에 존재하며 그 속에서 변화하며 자연 자체와 너 자신을 이루는 성분으로 분해되는 것이다. 자연은 아무 불평 없이 변화한다."

"행동으로부터 정지—생각하고 행동하겠다는 노력의 종말—그 속에도 손해란 없다. 너의 생각을 사람의 일생으로 돌려보자. 소년시절, 청년시절, 중년기, 그리고 노년기, 이 모든 변화의 단계는 하나의 죽음의 과정이나, 그 속에 악의는 없다. 너는 배에 올라 항해를 마치고 이제 해안에 도달했다. 이제 떠나라! 다른 생명이 되거라! 신성한 입김은 어느 곳에나 있으며, 네가 떠나는 곳에도 있다. 영원의 망각 속으로 들어가라. 최소한 너희는 몰려드는 감각의 영상으로부터 해방될 수 있으며 너를 철없는 어린

애 장난감처럼 이리 저리로 흔드는 격정으로부터 벗어날 수 있고, 지루한 이성의 행진으로부터 휴식을 취할 수 있으며, 육체의 번뇌로부터 자유로울 수 있다."

…….

"유행어도 한동안 쓰인 뒤에는 낡아서 점차 퇴화되어 버리듯이 명성도 한때는 모든 이들의 입에 오르내리지마는 이내 그 자취를 감춘다. 카밀루스, 볼레서스, 레오나투스, 그리고 좀 더 뒤의 스키피오, 케이토, 그리고 또 아우구스투스, 그리고 하드리안, 그리고 또 안토니우스 피우스, 지금 이들은 모두 어디에 있으며 그들의 이름을 아는 자 과연 몇이나 되는가? 얼마나 많은 명의(名醫)들—다른 사람의 불치병을 치료했다는— 이들은 얼마나 많이 병들어 죽었는가! 저 유명한 그리스의 예언자들—다른 사락들의 최후를 정확히 예언했던— 그들 자신은 얼마나 많은 횡액을 당했던가! 그리고 그 밖의 많은 사람들은 모두 제각기 자기의 향락처에서 말없이 누워 있으니 카프리를 너무나도 좋아했던 티베리우스는 카프리 섬의 그의 정원과 욕실에, 피타고라스와 소크라테스는 영원불멸의 사색 속에, 자기는 마치 영원히 살 것처럼 다른 사람들의 생명을 사용했던 알렉산더 대왕은 이제 그의 말구종과 함께 서로서로 베고 누워 있지 않은가! 안토니우스의 궁전은 모두 사라져 버리고 판테아와 페르가무스 궁전도 이제는 주인들의 무덤가에서 찾을 길이 없도다. 하드리안 황제의 무덤을 지키던 병사들도 모두 사라졌으며 아직 남아 있다면 아마도 비웃음을 샀으리라."

…….

"너는 이 거대한 도시의 한 시민이다. 이 도시에 얼마나 오래 살았나를 괴로워하지 말라. 너를 이곳에 보낸 자는 불의의 재판관도 아니요, 폭군도 아니며 자연이다. 그러나 무대의 배우가 그

배우를 고용한 연출자의 지시에 따라서 무대를 떠나듯이 너는 떠나야 되는 것이다. 너는 아직 5막을 끝내지 않았다고 항의할 수도 있겠지만 인간의 생애에 있어서는 3막만으로도 연극을 끝내는 경우가 있다. 그것은 연극을 만든 극작가가 할 일이지 네가 상관할 바 아니다. 유감없이 떠나거라. 필시 너를 무대에서 내보내는 그 속에도 섭리가 있을 것이니라."

월터 페이터는 스토아 철학의 진수라고 볼 수 있는 철인황제의 연설문을 인용하고서는 의미심장하게 끝을 맺고 있다: "황제의 이야기는 끝났다. 날은 어느새 저물어 어두워졌고 눈이 내리기 시작했다. 낮에는 그에게 장식으로 쓰일 뿐이던 횃불이 황제가 어둠 속에서 환궁하는 길에는 실제로 도움이 되었다. 재빨리 한 사람씩 횃불을 댕겨 들었다. 횃불의 길다란 행렬은 냇물이 흐르듯이 궁전으로 흘렀다. 그 겨울의 추위는 그 어느 때보다도 혹독했다."[30)]

이때껏 고대 그리스 철인들과 특히 철인황제 아우렐리우스에 의해 베풀어진 철학의 향연에 대한 상상의 나래를 펴고 있을 때 시몬교수에 의한 철학강의의 휴식시간이 막 끝났다. 강당 안에서 이웃사람끼리 강의내용에 대해 얘기꽃을 피우는 사람이며 또 밖에서 얘기꽃을 피우던 사람들이 자리를 정돈하고, 또 개중에는 커피를 손에 들고 들어오는 사람도 있다. 이렇게 하여 시몬교수의 강의는 계속되고 철학의 향연에 참석한 수많은 사람들은 또 다시 제각기 사유의 나래를 편다.

서구인들은 또 다시 철학에 귀를 기울이기 시작하는 모양이다. '철학카페'가 여기저기에 들어서고 또 가아더의 『소피의 세계』를 비롯한 철학 서적들이 몇 년에 걸쳐 베스트 셀러의 자리를 굳히는 것을 보면 그 조짐이 짐짓 새롭다. 독일의 대학 주변에는 교

30) 위의 책, 184쪽.

양서적을 포함하는 대형의 전문서점이 안 들어선 곳이 없으며, 교양과 전문서적을 다루는 고서점도 수두룩하다.

그런데 이런 분위기에 관계없이 대학생들은 철학강의를 그들 교양의 젖줄로 생각하고 모여든다. 철학과의 바움가르트너 교수는 주말이 시작되고 또 고향이나 간단한 여행을 떠날만한 시간인 금요일 늦은 오후와 저녁에 자신의 강의시간을 배정한다. 철학을 하려면 최소한 사소한 것이나 일상적인 것을 감수하고 철학에 더욱 무게를 두고 심취해야 할 것을 넌지시 암시하고 있는 것이다. 그런데 이 강좌들에도 만원이다!

우리를 어리둥절하게 하는 것은 철학교수의 강의를 들으려 몰려드는 학생들이 전공이나 부전공을 막론하고, 또한 이과대학이나 예술대학이며 교육대학에서도, 나아가서는 법대에서조차 몰려오는 것이었다. 지금 시몬교수의 강의에는 500명 정도 들어가는 대형강당이 꽉 차고 자리를 못 잡은 학생들은 바닥에 퍼져 앉아 청강을 하는 것이다. 그런데 학생들은 꼭 학점을 따겠다는 생각으로 혹은 철학이 필수과목이라서 모여 앉은 것은 아니라는 점이다. 이런 경우 우리의 학생들은 몇 명이나 앉아 있을까. 저들은 뭔가 사상의 세계에 눈을 뜨고 정신세계를 살찌우며 인생과 학문의 깊이를 찾겠다는 ……. 이들이 철학을 받아들이겠다는 태도가 준비되어 있기에 교수는 아무런 '고객감동'을 위한 쇼맨십을 발휘할 필요는 없는 것이다. 그 대신 침묵적인 강의 속에서 향연이 계속되는 것이다! 이 얼마나 멋진 캠퍼스의 낭만이며, 이 얼마나 기막힐 일이 캠퍼스에서 벌어지고 있는 것인가.

왜 우리에겐 이런 철학의 향연이 없고, 왜 우리는 '사상의 빈곤'에 내동댕이 처져 있는가. 우리의 젊은이는 (어른도) 철학책을 읽지도 않지만 아예 못 읽는 형편이 아닌가! '사상의 빈곤'에서 대학과 국가의 발전을 기대한다는 것은 황무지에서 장미꽃을 피우겠다는 것과 다를 바 없는 것. '사상의 빈곤'에서 '삶의 질'을 운운한다는 것 자체가 천방지축 같은 망상이다. 우리나라의 문과대학 내지 인문대학을 독일에서는 철학대학(Philosophische Fakultaet)이라고 한다. 그 이름만큼 실제로 철학대학의 학문은 철저하게 철학적 해석과 이해가 마땅히 따른다. 또 의무적으로 철학과목을 이수해야 하는 부분이 많기에 아예 철학을 부전공으로 택하는 사람이 상당히 많다. 우리의 학문방식에는 철학이 별로 끼어들지 않는다. 이건 인문(대)학 내에서도 마찬가지다. 우리는 철학적 해석을 가하거나 의미를 포착하는 일이며 제 삼자 입장에서 조명해 보는 일은 잘 하지 않는다. 또한 비판적 고찰 같은 것도 아예 빈약하며 교재에 쓰여진 것을 단순히 "누가 뭐랬다"는 혹은 "여기 무엇이 씌어 있다"는 식으로 일관한다.

그들의 철학적 안목은 자연과학에까지 뻗어 있다. 실제로 그들은 이과대학 내에서도 가끔 철학적 세미나를 열고 인식론 같은 것을 잘 다루며 논리학은 아예 정규과목이다. '상대성 원리'라거나 '불확정성의 원리'에는 이름 그 안에 이미 철학적 성격이 내포되어 있다.

사상의 빈곤은 학문의 발전을 가져올 수 없다. 그러기에 기능주의는 우리에게 잘 발달되어 있지만 인류정신사에 이바지할 만한 큼직한 것을 내뿜지 못하고 있다. 우리는 산업분야에서도 이때껏 창조적 사유의 결핍을 주로 로열티로 메워 왔다.

경제엔 집요하게 알레르기 현상을 일으키는 데 반해 우리의 대학이 세계에서 800위니 500위니 하는 데에는 심각성을 아직 못 느끼는 모양이다. 언제 철학의 빈곤에서 탈출할 수 있을까?

오늘날 우리의 젊은이들은 인기 연예인을 우상시하고 취직시험과 토익이며, 고시준비에 에너지를 탕진하고 있다. 연예인이 되겠다고 모 대학의 연극영화과의 입시경쟁률이 80대 1이니 50

대 1이니 하는 걸 보면 기네스북에 기록될까 두렵기만 하다. 이것은 정신문화의 텃밭에 니힐리즘이 꽃핀 것으로서 어두운 시대에 우리들의 자화상인 것이다.

언제부턴가 천박한 정치인들에 의해 소위 '시장원리'가 무분별하게 적용된 이래 철학을 비롯한 인문학의 분야학과가 거의 고사위기에 처하게 되었다. 게다가 철학을 전공하겠다는 학생의 수가 인문학부에서 한·두 명에 그친다니 우리 시대의 어두운 자화상은 참으로 흉악하기 그지없다. 그나마 교양필수로 다루어져 오던 철학과목이 선택으로 눌러앉고 또 이 선택과목으로도 큐리컬럼에 안 넣는 꿀돼지 대학들이 수두룩하게 생겼다. 그 대신 댄스과목과 같은 회귀한 과목들이 필수로 자리 잡고 있는 실정이다.

우리의 젊은이들은 연예인이나 소위 '인기스타'를 흉내 내고, 따라 춤추고 노래하는 것을 자신의 전공보다 더 잘하는 사람이 많고, 동아리 클럽 같은데서 전공공부를 하는 것보다 더 많은 시간을 쏟는 사람도 있다. 전공에 대해선 아예 애초부터 소명감을 안 갖고 택한 사람이 수두룩하다.

축제가 열리면 사발 술 마시고 퍼지며 비싼 돈 주고 연예인 초대하여 놀자판 벌린다. "먹고, 마시고, 놀자"의 형태는 축제기간 외에도 자주 일어난다.

강의시간에 호출기소리가 울리고 교수가 판서할 때 도망치는 학생이 있는가 하면 밖에는 사물놀이패가 꽹과리를 울려댄다. 시험 칠 때면 달달 외운다고 야단이고 컨닝하는 데는 이제 습관화되었다.

평소에 학생들은 학교주변이 보여주듯이 음식점, 맥주집, 소주방, 커피숍, 노래방, 비디오방, 팬시용품, 이동통신 대리점, PC방, 게임방, 당구장, 화장품가게 등등 주로 소비적이고 오락적인 장소에서 기웃거린다. 그래서 대학가는 유흥과 소비의 거리로 자리를 굳혔고 놀자판의 추종자들로 늘 시끌벅적하다. 간혹 작은 공간을 차지하고 있는 서점에 들어가 보면 몇몇 대학교재를 빼놓고는 각종 월간지 및 여성잡지, 만화책 등으로 가득 찼고 교양서적은 거의 빈약한 실정이다. 대학가는 이미 저질 자본주의로 상품화된 천박한 대중문화의 앞잡이 노릇을 하고 있다.

사정이 이렇게 되었지만 정부나 사회도, 교육당국이나 대학당국도, 교수와 학생이며 학부모도 어찌할 바를 생각지도 않고 모르며 그저 '강 건너 불구경'하는 식이다. 어쩌면 이들이 저질문화를 태동시킨 장본인들인지도 모른다.

도리스 할머니

죽음에 관한 성찰

괴테(J. W. von Goethe)의 「오월의 노래」가 읊듯이 독일엔 오월이 와야 만물은 움트고 생동하며 한 해가 시작된다:

"오오 눈부시다/ 자연의 빛/ 태양은 빛나고/ 들판은 웃는다./ ………/넘쳐 터지는 / 마음의 기쁨/ 대지여 태양이여/ 행복이여 환희여/ ……"

이처럼 독일엔 오월이 와야 완전히 겨울의 마법과 짓궂은 삼사월의 날씨장난에서 풀려나는 것이다. 이월에 시작되는 카니발을 통해 사람들은 겨울의 추위와 악신을 몰아낸다고 호들갑을 떨고 온 나라를 시끌벅적하게 만들지만, 사월중순이 되어야 동장군은 물러가고, 오월이 되어야 추위의 마력에서 완전히 풀려난다. 봄을 알리는 라일락과 개나리며 목련을 비롯한 봄의 전령들은 이때에야 고개를 내밀고 향기를 내뿜는다.

오월이 시작되는 첫째 날엔 대지 위의 모든 여성적인 것과 대지, 즉 여신 가이아를 위해서 남근상징의 오월목(Maibaum)이 (한을 풀어주기라도 하듯) 바쳐진다. 그래서 본(Bonn)대학교의 본관에서 캠퍼스의 정원(Hofgarten)쪽을 보며 서있는 레기나 여왕상에게도 길쭉한 오월목이 치맛자락 위에까지 오게 헌정(獻呈)되었다.

대지는 쾌감을 얻은 듯 포근하게 빗장을 열고는 따뜻하고 꽃향기 섞인 공기를 지상에 뿜는다. 라인강물은 마치 은하의 강물인양 은 같은 자태로서 넘실대며 알프스의 비밀을 부지런히 '툴레의 나라'(전설 속에 유래해온 북대서양 가운데의 왕국)로 전한다. 이토록 오월이 오면 봄의 마력에 걸려 세상은 약동하고 사람들은 붕 뜨게 되어 갈피를 못 잡는다. 이는 이루 말할 수 없는 아름다운 계절의 날들이 한꺼번에 쏟아지니 이를 향유하기보다는 오히려 가늠하지 못하기 때문이다.

오늘은 도리스 할머니 댁에 가는 날이다. 이 할머니 댁에 살아온 K씨 가족이 베를린으로 이사를 가기 때문에 도리스 할머니가 커피모임에 초대한 것이다. 향기로 가득한 오월의 공기를 마시며 나는 자전거를 타고 갔다.

라인강변도로를 따라 흐르는 강물의 노래와 라일락의 향기세례를 받으며 라인아우에(Rheinaue) 공원이 시작되는 지점까지 갔다가 왼쪽으로 방향을 꺾으면 철길 곁으로 달리게 된다. 철길 곁으로 난 반듯한 자전거 전용도로변엔 우리의 개나리처럼 아주 예사롭게 잘 자라는 라일락이 군데군데 나타나 향기를 뿜고, 또 간간이 펼쳐있는 들판에도 곡식의 싹들이 솟아올라 향긋한 봄내음을 발사한다.

기차가 나의 뒤쪽에서 접근하여 본(Bonn)의 역으로 들어가기 위해 속도를 조금 줄이면 나는 아이처럼 자전거의 페달을 밟아 경주를 벌인다. 그러나 이 도시의 중앙역을 출발한 기차는 나의 맞은편으로부터 오면서 나의 시야를 가로막아 나와 경주하는 기차를 못 보게 하고는 먼 남쪽을 향해 쏜살같이 내동댕이친다. 순식간에 두 기차가 교차하여 내 시야에서 멀어져 갔다. 그러나 두 기차에 의해 이리저리 헝클어진 바람 속에 라일락은 우들유들하게 춤추기 시작한다. 온 몸으로 하느작거리며 향기를 내뿜고 온갖 곡선을 그리는 라일락은 차라리 무언의 비밀문자를 써 갈기는 것 같기도 하고 미(美)의 폭탄을 던지는 것 같기도 하다. 나는 이 마력의 자기장에 걸려 자전거에서 내렸다.

기차는 꼬리를 감추면서 내동댕이치고 그 윙윙거리는 소리와 자지러지는 라일락은 여울을 만들고서 나를 꽁꽁 묶는다 자전거를 타고 스쳐 지나가는 사람들은 내가 이상한지 힐끗 힐끗 쳐다본다. 그래서 나는 사람들의 이런 관찰이 곤혹스럽게 여겨져, 아무런 상황이 없었던 것처럼 툭툭 털고 다시 가는 길을 질주한다.

본(Bonn)의 중앙역을 지나 계속 철길을 따라 북쪽으로 달리면 엄청나게 넓은 평원이 나타나고, 여기서 들길을 한참 달리다가 왼쪽으로 꺾어서 산자락으로 달리면 동화의 마을 같은 아담한 알프터가 나타난다. 이 마을의 도리스 할머니 집에 한국 유학생 K씨의 가족이 살고 있다.

알프터를 가물가물하게 볼 수 있는 대평원에서 자전거로 이리저리 질주하면 마치 날개를 단 새가 된 기분이다. 봄이라서 향긋한 초록색의 식물들이 대지를 덮어 더더욱 포근한 '어머니 대지'의 품에 안긴 느낌이다. 그러나 나는 여기서 날아오르는 종달새를 쫓으며 오랫동안 아이처럼 뒹굴 수 없다. 도리스 할머니와 K씨 내외가 나 때문에 커피모임을 늦춰서는 안 되기 때문이다.

알프터는 정말 아름다운 전원마을이다. 아담하고 나지막한 산자락엔 아름답게 건축된 동화 같은 마을이 들어서 있다. 자연과 인간의 집들은 너무나 조화롭게 서로 어울려 상존하고 있다. 여러 가지 자연적 조건이 빼어나게 잘 갖춰져 있기에, 이 마을엔 발도르프(Waldorf)의 자연학교도 건립되었다. 도리스 할머니 집의 커피모임은 아기자기하게 준비되어 있다. 케이크를 직접 구웠는지 거실엔 향긋한 냄새로 가득 차고 이제 막 원두커피 끓는 소리가 쪼르륵 난다. K씨 부인은 도리스 할머니를 도와 탁상 위에다 스푼이며 기타 도구들을 나르고 있다. 아담한 거실의 창문을 통해선 알프터의 산자락으로 길게 이어진 나지막한 산과 아름다운 집들과 정원들이며 평원의 많은 부분도 시야에 들어온다.

동화같은 마을 알프터

그러나 이 아담한 커피모임이 곧 하나의 작별파티인 것이다. K씨는 학업문제로 가족과 함께 곧 베를린으로 이사를 가게 되었다. 그 사이에 K씨 가족은 굉장히 도리스 할머니와 친하게 지냈다. 특히 도리스 할머니는 K씨의 꼬마 사내아이인 산이를 무척 귀여워했다. 산이는 기가 차게 아버지를 빼어 닮았고 뒷꼭지도 톡 튀어 나왔으며 얌전한 장난꾸러기다. 산이는 타고난 귀염둥이인지 이를테면 전철을 타고 가면서도 이웃사람과 장난을 치고는 돈을 얻는다. K씨는 퍽 친절하고 전형적인 한국인답게 늙은이를 잘 이해한다. 대화에 친절하게 응해주고 또한 도리스 할머니 가정의 자자한 일도 기꺼이 도와준다. 이를테면 거실 천정의 전구를 갈아 끼워준다거나 고장난 도구들을 수리하 주는 것이며 할머니의 힘에 벅찬 무거운 짐을 들어주는 것 등이다. 그럴 때마다 도리스 할머니는 그 고마움에 어쩔 줄 몰라 어떻게든 보상을 한다. K씨 가족은 그러나 한국인의 미덕이 그렇듯이 대수롭지 않는 걸로 여기곤 결코 보상을 바라지 않는다. 서로 서로 이런 갈등을 조화한다고 처음에는 좀 어려웠다고 K씨는 언젠가 내게 말했다. 결코 남에게 신세를 지지 않으려는 독일인의 관습과 덤으로 남에게 베푸는 한국인의 미덕은 서로 아름답지만 상반된 미덕이다. K씨의 자동차로 시장을 보러 가면서부터 K씨 가족과 도리스 할머니는 더욱 친해졌던 것이다. 이렇게 친해진 K씨 가족이 학업 때문에 이사를 간다고 했을 때 도리스 할머니는 울음을 터뜨리기까지 했다.

나는 K씨 집에 놀러 와서 도리스 할머니를 자연스레 알게 되었는데, 그녀의 친절하고 우호적인 태도는 밖으로 흘러 넘쳤다. 나를 만나면 도리스 할머니는 마냥 두 손을 내밀어 악수하고는 반가움을 감추지 못한다. 그녀는 보기 드물게 외부세계와 낯선 문화에 대해서도 열려있고 또 호기심도 많다. 독일의 할머니와 할아버지 세대는 가끔 고리타분하고 폐쇄적인 꽁보수주의와 배타적 성격을 지녀서 게르만 냄새를 풍기는 이가 있는 데 반해 도리스 할머니의 경우는 전적으로 다른 양상을 보인다. 도리스 할머니는 젊었을 적에 동남아에도 여행했으며 남태평양을 마냥 파라다이스라고 연발한다. 판다곰을 몹시 좋아한다고 열렬하게 야단을 떨면 도리스 할머니는 오히려 아이처럼 브인다.

우리가 커피모임에서 오랫동안 밝고 즐거운 대화를 나누는 중에 도리스 할머니는 K씨가 베를린에서 새로 이사 들어갈 집에 대해 꼬치꼬치 묻는다. 그리곤 작별이 못내 아쉽고 아픈지 투정질과도 비슷한 말을 내뱉는다. "지상에선 작별이 없는 곳이 없어, 작별은 인생의 본질이고 급기야 인간은 지상과도 작별을 해야 돼." 그녀는 예사로 내뱉았지만 그러나 내겐 뭔가 섬뜩한 예지의 설파와도 같아서 나로 하여금 상념의 골짜기로 밀어 넣는다. 그래서 나는 한편으론 대화에 응하고 또 얘기를 나누었지만, 다른 한편으로는 도리스 할머니에 대해 또 그녀의 쓸쓸한 만년에 대해서 생각해 보았다. (물론 모든 사람이 예외 없이 다 늙게 되고 또 죽게 되지만, 또 정작 도리스 할머니는 결코 어두운 기색을 나타내지 않지만.)

도리스 할머니는 너무나 곱게 늙었다. 마음씨가 착해서 그렇게 보이는 것인지 모르겠다. 겸손과 소박으로 고양되어 있으며 온후하고 평안한 자태를 드러낸다. 그녀의 아름다운 영혼은 그러기에 육체적 주름살을 짓눌러버리고 오히려 온화한 삶의 꽃을 얼굴에 다 피우고 있는 것처럼 보인다.

이토록 착하고 곱게 늙어 시간의 구속을 박차고 인생의 아름다움을 간직하는 사람에겐 더욱 지상에서 오래 남아, 세상을 아름다운 동산으로, 동화의 나라로 가꾸면 어떨까. 조물주에게 이토록 외람된 애걸은 받아들여지지 않을까. 아니면 이러한 간청은 신화 속에서나 등장하는 철부지 같은 재롱에 불과할 따름인가. 이토록 착하고 고운 사람들만 살아남아서 아름다운 에덴동산을 가꾸고, 그렇지 않은 나쁜 사람들은 가이아의 뜨락에서 사라져야 한다면 세상은 많이 달라질 것이다. 그렇다면 세상은 차츰차츰 동화의 나라로 변할 것이고, 또한 여기엔 착하고 아름다운 사람들로 채워질 것이다. 그러나 이러한 몽상은 지상에서보다는 천상에서 일어나겠지. 또한 지상에서 사라지는 사람도 결코 저주를 받는 것보다는 그 나름대로의 존재의 의미를 갖고 있는 것이리라. 냇가의 조약돌이나 산골에 살짝 피었다가 지는 야성 꽃도 나름대로의 존재의미를 갖고 있으며, 또 그렇게 지상에 존재하는 것이다. 아무런 의미 없이 존재하는 것은 없고, 또 아무런 이유 없이 지상에 부름을 받는 경우도 없는 것이다. 단지 이런 비밀을 인간이 다 알 수 없을 따름이다.

지상에선 조물주께서 선한 사람에게나 또한 그렇지 않은 사람에게나 똑같이 햇빛과 비를 내려주신다. 또한 이와 같이 선한 사람에게나 악한 사람에게나, 지배자에게나 피지배자에게나, 귀인에게나 추한 사람에게나, 부유한 사람에게나 가난한 사람에게나 똑같이 죽음에 평등한 것이다.

더 살기를 원하는 자에게도, 아름다운 영혼의 꽃을 피우는 자에게도, "햇빛을 더!"(괴테)라고 외치는 자에게도, "천사의 날개를 달라"는 자에게도 똑같이 죽음의 그림자는 드리운다. 인간은 '생각하는 갈대'(파스칼)로서 우주를 움켜쥘 수 있는 사유의 능력을 갖고 있지만 생성소멸의 고리를 끊을 능력을 갖고 있지는 않다. 인간은 또한 이 생성소멸의 지평을 존재의 지평으로 옮기는 마술을 부릴 수 없다.

그 뿐인가? 인간의 삶은 이때까지의 간청과 몽상과는 전혀 반대로 제 3막에서 끝나버리는 연극과 같이 중단될 수도 있는 것이고 혹은 이보다 더 가혹하게 어떤 고약한 항해처럼 도중에서 무시무시한 고통으로 표류할 수도 있을 것이며 난파와 침몰로 이어질 수도 있는 것이다. 그렇다면 항해하는 사람에게 손짓한 '행복의 섬'은 그저 신기루에 불과할 뿐만 아니라 단순한 물거품이요 가라앉은 섬과 같을 것이다.

그러기에 도리스 할머니의 항해는 여기에 비하면 얼마나 다행인가. 도리스 할머니도 다른 사람과 다름없이 소녀시절, 청년시절, 장년시절, 그리고 노년기를 거쳐—마치 죽음의 과정처럼—지금 생의 황혼기에 와 있다. 항해에 비유한다면 이제 오세안(대양)의 긴 여로를 마치고 피안의 해안에 도달하려는 셈이다.

그런데 신비로운 것은 이 모든 단계들 속에 아무런 악의가 없고 자연의 질서 또한 흐트러지지 않는다는 것이다. 그러기에 우리를 이 세상에서 데리고 가는 이는 우리를 이 세상에 보낸 이와 마찬가지로 불의의 재판관도 아닐 것이고 폭군도 아닐 것이다. "이제 떠나라! 다른 생명이 되거라! 신성한 입김은 어느 곳에나 있으며, 네가 떠나는 곳에도 있다."는 철인황제 아우렐리우스(M. Aurelius)의 설파는 하나의 삶과 죽음의 경계선을 꿰뚫는 심오한 서사시로 들린다.

저승사자는 언제고 우리를 데리러 올 준비가 되어 있겠지, 또한 사람의 운명을 베틀에 짜는 여신 클로토는 실수를 하지 않고 운명의 실타래를 뽑아내겠지. 그녀의 베틀은 결코 고장을 일으키지 않을 것이므로 모쪼록 우리의 운명도 그녀의 베틀에 정교하게 짜여 지겠지.

인간은 참으로 연약하고 어쩔 수 없는 존재이다. 이러한 연약성은 죽음에 등을 돌리고 억지를 부릴 때 더더욱 그러할 것이다. 인간에게 죽음과 같은 '한계상황'(야스퍼스)이 밀어닥칠 때 그가 갖고 있는 의지는 그저 휴지조각과 비슷할 따름이다. 인간은 유한과 무한사이에 놓인 다리를 혼자 건너기에는 너무나 벅차지만, 그러나 이것 외에는 다른 길이 주어져 있지 않다. 모든 것을 삼키려 드는 죽음의 끔찍하고 검은 아궁이에서 빠져 나와 도망칠 수 없는 것이다. 우리의 유한성에 대한 한계며 고뇌는 극복될 수 없고 우리의 현존재의 비밀은 다 탐지되지 않는다.

인간은 죽음에 열려 있는 존재이고 또 죽어야 하는 존재이다. 아니, 인간은 죽음을 끌어안고 산다. 언젠가 운명의 여신 클로토가 "이젠 항해가 끝나서 항구에 도착했으니 내릴 준비를 하라"거나, 혹은 좀 더 냉정하게 "이번에는 네 차례다"라고 한다면 우리는 그저 순한 양처럼 따를 수밖에 없을 것이다. 그리고 거기에 순응하지 않고 사자처럼 으르렁거려 봐야 얻을 소득이 전혀 없을 것이고 발버둥을 굴러 봐도 이와 비슷할 것이다. 그러기에 그것을 맞이하는 인간의 태도만 마지막으로 남아 있다.

물론 인간은 거기에 반항할 자유를 갖고 있다(살고 있는 한). 그는 운명의 여신 클로토의 베틀을 부수려고 대들 수도 있을 것이고 또 운명의 여신에게 애걸해 볼 수도 있을 것이다. 그러나 그대의 "항해가 끝났다"거나 "이번에는 네 차례다"라는 것은 이미 이러한 불장난과 넋두리가 먹혀들지 않는 것을 전제로 하고 있다. 이보다는 차라리 지혜와 용기로서 대처하는 것이 더 나으리라. 또 새로운—그러나 불확실한— 여행을 시작한다고 마음먹는 편이 자신을 위해서도 낫다. 인생살이에 영원한 행복이 없는 것처럼 또한 영원한 불행도 없는 것이다. 우리를 저승으로 데려가는 것은 염라대왕의 막연한 심술보는 아닐 것이다.

도리스 할머니는 저승사자도 부끄러워서 노크를 할 수 없을 정도로 담담하다. 그것은 어떤 대항하는 자세로서 담담한 것이 아니라 뭐든 자연에 순응하여 맞겠다는 담담함이다. 삶을 뒤흔드는 운명의 여신이 못 들어오게끔 빗장을 걸어 놓지 안 했으그로 노크할 필요성을 못 느끼는 모양이다. 도리스 할머니는 벌써 일흔 다섯이 되었지만 온화하고 겸손하며, 삶을 부정적으로 생각하지 않고 쾌활하여 이웃에 대한 명랑한 태도를 잃지 않는다. 대때로 육신은 불편해서 자기 집의 삼층 계단으로 오르는 것을 퍽 힘들어하는데도 늙은 것에 대한 내색을 별로 하지 않는다.

게다가 한국인 유학생 K씨의 가족이 이쪽으로 이사를 오고 난 뒤에 더욱 명랑해졌고, 또 적극적인 삶을 영위한다. 그런데 K씨 가족이 베를린으로 이사 가고 나면 도리스 할머니에겐 물론 일층에 사는 쉴러 할머니와 가끔 산보도 가지만 복실이 개 한 마리만 가까운 벗으로 남게 된다. 복실이는 도리스 할머니의 시중을 잘 들어 가까운 벗으로 되었지만 가끔은 골탕을 먹인다. 한번은 산책하다 고삐를 풀고 평원으로 도망쳐 할머니의 속을 많이 썩였다. 그때 할머니는 이 복실이 때문에 넘어져 팔에 타박상을 입고서 병원에 삼 주일 정도나 다닌 적이 있다. 그녀는 아직 건강한 편이지만 이미 그녀의 멀리 떨어져 사는 자식들에게 유산으로 분배하는 것들을 다 정리해 놓았다.

우리가 커피를 마시고 알프터의 아늑한 숲으로 산보를 나갔을 때, 도리스 할머니는 그녀의 어린 시절과 세계 2차 대전 때에 고생했던 시절이며 삶의 종착역에 다다른 지금의 마음가짐에 대해 얘기했다. 그녀는 파릇파릇 솟은 꿀참나무의 잎을 만지면서, 그리고 작년에 떨어져서 아직 쌓여있는 낙엽을 밟으며 인생의 삶을 비교했다— 인생도 나뭇잎과 다를 바 없다고. 그게 처음엔 약간 슬픈 소리같이 들렸지만 "낙엽으로 떨어져 대지 위에서 긴 휴식을 하는 것도 평화롭게 보인다."는 말엔 오히려 달관한 삶과, 생사를 초월하는 철학적 예지도 엿보였다.

도리스 할머니는 자신의 (다가올)죽음을 받아들일 마음의 준비가 되어 있다고 밝히고 장수에 연연해하지 않는다고 털어놓는다. 그래서 그녀는 상례 태연자약하여 어두운 그림자를 얼굴에 띄우지 않는다. 자신의 처세관을 이토록 이미 갖춘 도리스 할머니는 평범하면서도 예사로운 사람이 아니다. 이 평범하고 소박함 가운데도 스토아 철학적 예지와 덕을 겸비한 모습이 조금씩 흘러나온다.

대부분의 사람들은 제각기 세상에서 발버둥 치다가 얼마 뒤에는 한 줌의 흙으로 돌아가고 만다. 사람들은 이 찰나적 삶 가운데서 행복을 쌓는다고 혹은 영원을 구축한다고 애타하고 야단법석을 떨지만 결국 빈손으로 죽음 앞에 서게 된다. 세상에서 갈구하고 꿈꾸던 행복은 죽음의 면전에서 마냥 신기루로 변해 버리고, 인간은 오직 홀로 미궁 속으로 들어가게 된다. 이 순간엔 삶에 연연한 사람에게 더욱 삶이 '일장춘몽'으로 혹은 '봄 안개'로 혹은 '아침 이슬'로 보여질 것이다. 그러나 이렇게 보이는 것조차도 이 삶과 죽음의 기로에선 하나의 덧없는 진동에 불과할 것이다.

이 세상의 부귀영화도 또 이런 부귀영화를 누린 자도 예외 없이 머지않아 불꽃처럼 스러지는 것이다. 지상적인 안목에서 볼 때 이들이야 부러움의 대상이겠지만, 영원의 상하에서 볼 땐 덧없는, 순식간에 세상에서 자취를 감추어 타인들의 기억 속에서조차도 사라지고 마는 것이다. 세상에서 안타까워하던 것들과 애타하던 이들, 멸시하던 이들과 원수들도 차츰차츰 기억의 관계망에서조차 멀어져 갈 것이다. 그 뿐인가. 영웅호걸이며 절세미인도, 명성으로 세상을 뒤덮은 이들도 모두 하나의 지극히 가벼운 낙엽과 같아서 싸늘한 가을바람이 불어 닥칠 때 마냥 무력하게 사라질 따름이다.

그럼에도 인간들은 저런 안목에 펼쳐지는 것과 지극히 지상적인 것들이 영원히 지속되기라도 하는 양 미워하고 시기하며, 애타하고 욕구하며 산다. 그러기에 인간은 너무나 문제가 많은 불완전한 존재이고 어찌할 바를 모르고 사는 존재이다. 인생은 짧지만 인간은 나날을 지루하게 혹은 무의미하게 보내는 게 다반사다. 인간은 너무나 지상적이고 안목의 세계에 펼쳐지는 사물의 카테고리에 박혀있어서, 어떤 초월적인 것이거나 형이상학적인 것에 방향을 돌릴 겨를이 없다. 그래서 플라톤적으로 말하면 '동굴'(그의 『국가』에 나오는 '동굴의 비유'에서)안의 한 두 계단을 오르내리다가 삶을 청산하는 경우가 다반사인 것이다. 그렇다고 이들이 삶에 대한 욕구에 희박한 것은 결코 아니다. 단지 심연에 대한 것, 초월적인 것, 초자연적이고 초지상적인 것, 형이상학적인 것에 등을 돌리고 외면했을 따름이다. 그렇기 때문에 종말적인 것과 심연 앞에서 더더욱 불안과 공포만 증폭되는 것이다.

물론 소박한 자연인의 차원에서 '살고자하는 의지'는 (부당하지만 않다면!) 결코 나쁜 것이 아니다. 또한 우리는 삶을 가소롭게 생각해서는 안 되고 쉽게 포기해서도 안 될 것이다. 그러나 부당하고 부자연스럽게 삶을 연장하려는 태도는 썩 덕스럽지 못하다. 이를테면 젊은이의 피를 수혈함으로 생명을 연장해 보려던 이노센트 법왕이나 불사약을 구하러 온 천하로 심부름꾼을 보냈던 진시황의 경우도 그렇다.

살고자하는 것은 모든 생명체들의 본능과 본질에 속한다. 이런 삶에 대한 근본적인 태도는 이승과 저승의 카테고리를 아랑곳하지 않는다. 삶에 대한 인위적이고 부당한 욕구와는 상관없이 생명을 경외하고, 또 생명에 대한 겸허한 자세로 삶의 애착을 갖는 것엔 오히려 인간에게 생명을 부여한 조물주의 업적을 찬미하는 태도도 들어있다.

우리는 삶을 억지로 부정할 필요가 없다. 그와 동시에 우리는 우리의 생명을 하찮게 생각해서는 안 된다. 우리의 세상살이는 적어도 아틀라스(Atlas)가 천구를 짊어지고 영원히 끙끙거려야 하는 것도 아니고, 코카서스산의 바위에 묶여 독수리에게 간을 뜯겨야 하는 프로메테우스(Prometheus)와 같은 처지도 아니다. 그래서 세상을 그저 '백팔번뇌'만 우글거리는 지옥으로 보고 삶의 전적인 에너지와 시간을 오직 자기 개인의 열반과 극락준비에만 쏟는 것은 어딘가 독단적이고 이기적일 뿐만 아니라, 나와 네가 함께 삶의 밭을 가꾸어야 할 공동체적 책임을 외면한 것으로 보인다. 죽음만이 끔찍한 것이 아니라 삶도 (생각하면 생각할수록) 끔찍한 것이다.

이 세상엔 영원한 행복도 없고 또한 영원한 불행도 없다. 이 세상은 천국도 아니지만 영원한 번뇌가 계속되는 지옥 또한 아닌 것이다. 그러나 이렇게 우리의 사는 곳이 천국도 지옥도 아니며, 또한 우리의 삶이 영원한 행복도 영원한 불행도 아니라는 것을 간파했지만, 죽음의 면전에서 우리는 그리 태연자약하지는 못하다. 그것은 무엇보다도 죽음의 면전에 서있는 당사자가 아무런 도움 없이 오직 홀로 자신의 존재문제와 너무나 심각한 씨름을 하게 되기 때문이다. 그 뿐만 아니라 지금까지 살아오면서 귀중하게 여겨지던 것이며 행복을 제공해 주던 것이 한꺼번에 사라져야 할 처지에 놓인 것이다. 죽음만 확실하고 그 외의 모든 것은 불확실할 뿐만 아니라 주저스럽기만 하다. 하기야 죽음이라는 한계상황을 아랑곳하지 않고 저승사자를 비웃으며 사는 초연한 자세는 얼마나 대견스러울까마는, 그러한 경우는 결코 흔치 않다. 그러나 불안한 태도로 죽음의 면전에 섰다고 해서 비정상인 것은 결코 아니다.

보통의 많은 사람들은 죽음 앞에 결코 태연하지 못하다. 아니, 고차원의 성직자에게도 마찬가지 일 것이다. 그도 인간의 죽은 해골을 보며 자신의 죽음을 추리할 땐 마음의 평정이 뒤틀릴 수 있을 것이다. 보통의 사람들은 살아 있을 때 죽음을 터부시해 버리고 억지로라도 망각해 버리려고 애쓴다. 그래서 자신은 죽음과는 무관하다거나 죽음의 대상이 되지 않는다는 망각 속에서 살아간다. 또는 언제 일어날지 모른다는 이유로서 죽음을 아늑한 미래로 밀어버리며 산다.

그러기에 실제로 죽음이 어두운 그림자를 드리울 땐 그 쇼크가 더 클 것이다. 그래서 보통의 인간은 삶과 죽음의 의미에 대한 질문도 답변도 마다한 채 버둥거리다가 죽는다. 그래서 인간은 더더욱 불쌍하고 비참하다.

그러나 우리가 시간에 떠밀려 살면서 의식적-무의식적으로 추방시켰던 죽음은 어느새 저승사자를 대동하고 우리 앞에 나타난다. 그래서 언젠가 우리가 구축해 놓았다고 생각했던 죽음의 도피성은 무너져 버리고, 그 방어선이 뚫릴 때 우리는 불안과 공포 속에 사로잡힌다. 우리는 이제 더 이상 도피할 수 없고 어떻게든 태도를 취해야 하고 부딪쳐야 한다. 여기에 거역하는 어떠한 계획과 기도(企圖)도 그저 난파당하고 무의미성으로 굴러 떨어지고 말 것이다. 우리의 저항이 거셀수록(만약 저항한다면) 우리는 도리어 죽음의 사슬에 얽어 매이고 꽁꽁 묶인다. 세상은 이제 나와 무관하게 변하고 의지할 곳이라곤 없는 데다 삶에 의미를 주던 모든 지상적인 규정은 죽음의 위력 앞에서 부서져 버리고, 오직 죽음과 무조건적으로 대면해야 하는 자신만이 남는다.

그러나 이런 순간과 상황가운데서도 자신의 고유한 존재의미를 찾으라고 실존철학은 가르친다. 이런 암담한 상황가운데서도 우리로 하여금 좌절하지 말고 자신의 실존을 찾으라는 실존철학의 가르침은 마치 마지막 인생여로의 순간까지 항로를 비춰주는 등대의 역할을 한다.

인간이 그의 의지로서 더 이상 어떻게 할 수 없고 어떠한 타인도 대신해 주거나 도울 수 없는 죽음은 하나의 불가능의 벽이지만, 동시에 인간은 이 불가능한 벽을 근거로 하여 자기 자신의 본래성과 실존을 찾을 수 있기에 저 벽은 가능의 벽이기도 한 것이다.

우리는 우리가 죽어야 하는 존재임을 안다. 그러나 우리는 언제 이 죽음이 들이닥칠지 모른다. 전자는 확실하지만 후자는 불확실하다. 이 불확실하게 찾아오는 죽음은 그렇다면 예고 없이 어느 순간에도 들이닥쳐 우리의 삶을 앗아갈 수 있다는 말이다. 이렇게 들이닥치는 죽음을 염두에 두고 존재에 대한 의미 실현을 해 가면서 살고 또 삶을 영위하면서 준비를 하자는 것이 실존철학의 메시지다.

죽음에 대한 의식은 어떻게든 삶에 영향을 미친다. 그러기에 죽음을 외면하기 보다는 오히려 그 쪽으로 안목을 돌림으로써 적나라한 (그러나 본래의) 우리자신을 보며, 또 이 넘을 수 없는 '한계상황'을 경험함으로써 우리는 실존할 수 있는 것이다.

'실존한다'(Existieren)는 건 죽음을 망각하고 사는 것이 아니라, 바로 이 죽음의 면전에 맞서서 살아가는 것이다. 실존철학은 그러기에 죽음에 대한 관계로부터 나타나는 파동을 진압하기 위한 것이 아니라 이 파동으로부터 진정한 자기의 실존을 찾게 함으로 오히려 어떤 힘이 나타나도록 하는 것이다. 다시 말하면, 죽음의 불안과 무의미함 속으로 굴복할 것이 아니라 오히려 극복하자는 것이 실존철학의 복음이다.

물론 그렇다고 해서 실존철학이 마치 불멸의 세계를 열어젖히는 열쇠를 건네주는 것으로 생각해선 안 된다(그런 열쇠를 인간은 갖고 있지 않다). 또한 장미빛 황홀경이 죽음과 더불어 나타난다는 것을 속삭이는 것도 결코 아니다. 우리는 그런 황홀경의 세상을 믿을 수는 있지만 검증할 수는 없다. 그러한 것은 우리의 관할구역이 아니어서 우리는 여하한 권력행사를 할 수 없다. 물론 그렇다고 저러한 '불멸의 세계'며 '황홀경'과 같은 것을 다짜고짜로 부정하자는 것은 아니다. 이러한 세계와 '영원한 저주의 세계'에 대해선 솔직히 누구나(인간으로선) 왈가왈부할 수 없는 것으로서 열려 있는 질문으로 남겨 두어야 하는 것이다. 이에 반해 낙관적인 태도를 취하는 것은 자신에 대해서 비 실존적일 뿐만 아니라 절대자에 대해서도 경망스러운 태도인 것이다. 실존이

들려주는 것은 결코 인간이기를 (특히 본래의 자기 자신이기를) 포기하지 말라는 것이다. 물론 그러한 자신의 실존 찾기에 초월자(신)와의 연관성을 전제로 할 수도 있을 것이다. 이 자신의 실존을 찾는 것 외의 모든 것은 물론 신의 영역에 맡기든 혹은 신의 섭리에 맡기든 혹은 아무에게도 맡기지 않든 자신의 자유에 달려있는 것이다.

그런데 우리는 결코 어떤 종교적 교리로 굳어져 있는 막연한 영원에 기대어 안이한 태도를 가져서는 안 된다. 글쎄다, 그리 쉽게 혹은 장난처럼 구원이 주어지는가? 아니, '구원'은 우리의 주권도 관할구역도 아니다! 글쎄다, 무실존적 안이한 태도는 '구원'이나 존재와는 상관없는 것이다. 나의 주권영역도 아닌 '구원'에 안주하고 있는 것은 어쩌면 오히려 구원에(구원이 있다고 가정하면) 방해가 될 수도 있을 것이다. 안이하고 피상적인 종교의 보호막 안에서 만사형통하다는 착각은 곧 '존재망각'(하이데거의 용어)과 직결된다. 종교적으로나 인간적으로 봐서도 교조주의적 그늘막에 진을 치고 안주하는 것은 성실한 태도가 아니다. 최후의 순간에서조차, 자신의 삶이 무화(無化)하는 과정에서조차, 세상의 그 무엇으로도 대체되지 않는 자기고유의 실존을 상실한다면 이건 보통문제가 아닌 것이다. 그러기에 하이데거를 비롯한 실존철학자들의 경고는 정당한 것이다. 우리는 최소한 통념과 통속의 세계에서 벗어나야 한다.

우리는 아예 안이하고 멀쩡한 상태로 죽음을 체험할 수 없다. 이것을 우리가 체험할 때는 이미 우리는 더 이상 우리가 아니게 된다. 즉, 우리가 이 죽음을 체험할 때는 이미 죽음이 뭐라고 말할 수 없는 단계인 것이다. 이 체험과 더불어 우리의 생성소멸의 전 과정이 종말을 고하게 되는 것이다. 즉, 시간의 아들인 인간이 찰나적인 삶을 살아왔는데, 이 찰나마저도 이제 접게 되고 어떤 전적으로 다른 상황을 접하게 되는 것이다. 이 찰나적인 생성 소멸의 세계가 영원에 접하여 어떤 형태로든 존재하게 되는 건지, 아니면 혼비백산하고서 무화(無化)하는 건지, 오직 이 상황에 접한 이만이 알게 되는 것이다.

얼마나 빨리도 삶은 끝나는가. 이 찰나적 삶의 의미는 무엇인가. 또한 이 찰나적 삶 가운데 이룩했던 모든 것은 어떤 의미를 갖는가. 그것은 그저 지푸라기에 불과한가. 그리고 이들도 죽음과 함께 사라지는가. 그리고 왜 이 순간에 우리는 빈손으로 서 있는가. 내가 서있는 세계 안에서의 한 점은 그렇다면 끝내 지워지고 무화해 버리는가. 나를 둘러싼 모든 것은 이제 무(無)의 심연으로 가라앉고 마는가. 인간은 도대체 왜 태어나서 죽는가. 이 죽음은 도대체 무엇을 의미하고 또 이 죽음 뒤에는 무엇이 나타나는가. (아니면 아무 것도 나타나지 않는가.) 인생은 도대체 어디서 와서 어디로 가는 것인가.

이 찰나적 삶을 영위하면서 찾은(만약 찾았다면 혹은 깨달았다면) '삶의 의미'는 도대체 무엇인가. 더 나아가 그 찾고 깨달은 '삶의 의미'나 '득도'(得道)한 것이 별것 아니라거나 혹은 별것이 아닌 것으로 변한다면 …….

영겁의 영원가운데에서 시간의 찰나에 갇힌 인간은 자신의 영혼을 잠재울만한 능력을 갖고 있지 않다. 그는 자신의 영혼을 잠재울 만한 자장가를 부를 수 없다. 맞다! 우리는 유한을 녹여서 무한을 만들어내는 연금술사가 아니다. 우리는 무한을 만들어내는 점쟁이는커녕 무한을 따라잡지도 못한다. 죽음에 열려있는 시간의 아들 인간은 영원에 발을 들여놓을 권리를 갖고 있지 않다.

그러나 우리는 그럼에도 불구하고 모든 소멸을 비웃고 유한의 억압을 밀어젖히기를 주저하지 않는다. 왜 그러한 힘과 소망이며 저돌성을 가지고 있는지에 대해서 우리로선 정확히 알 수 없다.

그렇게 지음을 받았다고 응답하면 너무 경박한 태도일까? 우리는 단도직입적으로 생성소멸과 찰나적인 삶이 우리 인생의 전부라거나 또 이 찰나적인 삶을 기점으로 우리의 존재가 영원히 끝장이 난다고만 으름장을 놓거나 옹고집을 피워선 안 된다. 그런 불확실한 신념으로 운명론을 펼쳐서는 곤란하기 때문이다. 죽음의 순간과 또한 죽음이후의 시간들은 우리에게 (또한 세상에) 알려지지 않았고 여전히 비밀로 싸여있다.

우리는 죽음의 심연을 바라보면서 생성소멸의 세계가 만든 거대한 공간을 밀어내고 영원에로의 소박한 신념을 가질 수 있다. 그러한 신념을 우리는 터부시해서는 안 된다. 그것은 우선 인간이 당연히 가질 수 있는 자유로운 결정이기 때문이다.(그런 영원의 존재와 상관없이.) 그것은 그가 다름 아닌 인간이기 때문에 신념을 가질 수 있는 것이다. 영원을 사유한다는 것 자체가 이미 영원의 속성을 갖고 있는 것이다. 인간의 사유가 시공을 꿰뚫는 것에 비추어, 또 그의 넋이 시간의 흐름에 초연한 것에 비추어 (넋은 늙지 않는다!) 인간 속에는 생성소멸의 사슬에 묶이지 않는 존재가 있는 것이다. 그것은 영혼이다. 인간의 영혼은 이미 신적인 속성을 갖고 있어서 생성소멸의 육체적 베일이 걷히면 더욱더 잘 드러날 것이다.

도대체 생성소멸이 있다는 것은 이 생성소멸을 있게 한 원인이 존재하지 않을 수 없다. 그러므로 생성소멸로서 모든 게 끝장난다고는 할 수 없다. 또한 모든 생성소멸은 생성소멸하고 있는 한 존재의 지평 위에서만 가능한 사건이다. 즉, 아무리 작은 생성소멸의 사건도 다 존재 안에서 일어난다! 존재 없는 생성소멸은 없다. 모든 시간은 영원의 한 부분이다, 마치 생성소멸이 영원한 존재 안에서의 한 사건이듯이. 영원이 없는 시간은 없다. 그러기에 영원에 대한 믿음은 결코 무의미한 것이 아닐 뿐만 아니라 오히려 의미를 창조하는 가장 고유하고 고대한 것이다.

그러기에 인간의 삶이 영원에 걸려 있지 않거나, 영원과 관련되어 있지 않는 모든 순간적인 것은 그 어떠한 것이든 무의미함과 결속되어 있을 따름이다. '존재의 의미에 대한 질문'이란 것은 항상 가장 깊은 것, 가장 끈질긴 것, 가장 높은 것, 가장 비밀스러운 것, 가장 최후적인 것이며 영원한 것과 연결되어 있다. 그뿐인가. 이러한 것들이 실현될 수 있다는 데서 '존재의 의미에 대한 질문'은 가치 있고 살아있는 것이다.

"만물은 흐른다"(Panta rei)의 헤라클레이토스(B. C 600년경 에페소스의 철인)는 왜 고대사회에 '우는 철학자'로 알려졌는가? 다 흘러가버리고 남는 게 전혀 없다면 우는 게 오히려 당연할 것이다. 그러나 그는 결국 이 흐름 속에서 살아남는 것을 발견했다. 곧 '영원히 꺼지지 않는 살아있는 불'인 로고스이고 인간은 이 로고스를 공유하고 있다!

이 외에도 우리는 위의 "만물은 흐른다"에서 존재(ist)가 세 겹으로 코딱지처럼 붙어 있는 것을 찾아낼 수 있다. 첫째로, 이 "만물은 흐른다"의 명제자체는 흘러가버리지 않고 존재하고 있어야 하며 또 실제로 그렇게 존재하고 있는 것이다. 둘째로, 만물이 실제로 흐른다면 이 흐름을 보장해주는, 즉 흐를 수 있도록 하는 존재(바탕, 토대)가 있어야 하며 셋째로, "만물은 흐른다"는 실제로 흐르고 **있어야** 한다. 이를테면, 최소한 "만물이 안 흐른다"로 되어서는 안 된다.

모든 것이 찰나적인 끈장으로만 얽매어 있으면 도대체 우리가 뭔가를 추구할 이유가 없을 것이다. 모든 철학은 바로 순간적인 카테고리를 꿰뚫고 초월자와 절대자며 영원의 세계로 돌진하고서 이들 세계와 접목하는 데에 그 의미를 갖고 있다. 물론 찰나적인 것이며 유한한 것에서도 존재의미를 찾을 수 있겠으나, 이

의미 자체마저도 그렇다면 유한한 것일 수밖에 없기에 결국 무의미의 세계로 떨어지고 만다. 이미 '철학한다'는 것 자체가 이들 세계와 교감을 하고 있는 것이다. 인간은 오직 절대자를 향한 초월성 안에서 자기 존재의 본래적이며 궁극적인 의미를 갖게 되는 것이다. 이 초월과 영원이며 절대자와의 관계 속에서 인간은 자신의 삶과 또 삶 속에서 이룬 모든 것이 의미와 가치를 상실하지 않게 됨을 안다.

알프터에서의 산보가 끝났을 때에는 이미 해가 졌다. 생성소멸의 고리는 아직 끊어지지 않은 채 삶과 죽음의 성찰은 어둠 속으로 들어갔다. 그러나 나는 돌아가야 한다. 나는 자전거에 불을 켜고 평원을 지나 남쪽으로 향했다.

고운 불사조 같은 인간으로 여겨왔던 도리스 할머니는 그러나 다음 해의 늦가을에 세상을 떠났다. 그 사이에 이사 갔던 K씨가 가족과 함께 한국 절기인 추석 때 겸사 겸사로 이곳 본(Bonn)에 한번 들러 도리스 할머니를 방문하기도 하여 좋은 시간을 갖기도 했지만, 늦가을 알프터의 낙엽들이 색깔을 잃고 마구 떨어질 때에 그녀는 그녀의 거처를 지상에서 천상으로 옮겼던 것이다. 도리스 할머니의 운명의 날은 쉴러 할머니와 산보를 한 날 밤이었다. 이날 밤 둘이서 함께 저녁 식사를 하고 또 아기자기하게 저녁시간을 가졌으나, 이날 밤의 잠이 영원으로 빠져든 잠으로 변하고 말았던 것이다. 온화하게 사셔서 그런지 온화하게 돌아가신 것이다. 그러나 부음을 알리는 편지가—테두리가 검게 칠해진— 도착했을 때는 놀라지 않을 수 없었다. 우리는 간단한 예배와 장미 한 송이로 명복을 빌었다. 편히 쉬십시오!